ルターから今を考える

宗教改革500年の記憶と想起

小田部進一

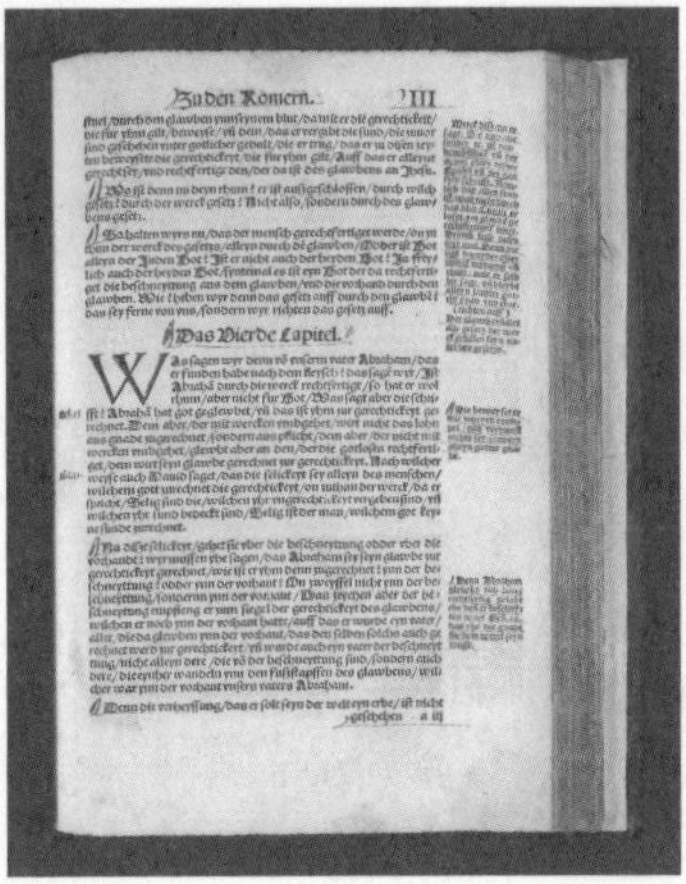

日本キリスト教団出版局

＊本書のルターによる著作の引用は以下の文献の私訳である。

D. Martin Luthers Werke. Kritische Gesamtausgabe, Weimar, Hermann Böhlau, 1883–（ヴァイマール版ルター全集、1883 年 –）
WA = 著作（Schriften）
WABr = 手紙（Briefwechsel）
WATr = 卓上語録（Tischreden）

＊聖書引用は、『聖書 新共同訳』（日本聖書協会）を参考にした。

ルターから今を考える　宗教改革500年の記憶と想起　目次

装丁　岩崎邦好

第1章
ルターメモリアのはじまり
【アイスレーベン】

最後の言葉

一五四六年二月十七日水曜日、厳しい冬の寒さがドイツ中を覆っている季節であった。

ヴィッテンベルクから南西に一一二キロメートル離れた中部ドイツに位置するマンスフェルト地方の小さな町、アイスレーベン。聖アンドレアス教会にほど近い、市参事会書記ヨハン・アルブレヒトの住居の一部屋には、夜通し灯りがともされ、室温も昼夜を問わず常に暖かい状態が保たれていた。長年、腎臓結石の痛みに苦しめられ、また高血圧による心臓病も患い、何度も命の危険を経験してきた、ヴィッテンベルクからの大事な訪問者の健康を気遣ってのことであった。

その客人とは、マルティン・ルター（一四八三年十一月十日―一五四六年二月十八日）である。福音主義的真理を再発見し、宗教改革的教会制度を基礎づけ、またその改革運動を牽引してきた宗教改革者、三か月前に六十二歳となったルターは、いま、その生涯の最後の夜を迎えようとしていた。

少し遡ってルターがアイスレーベンに滞在した経緯を見てみよう。彼は幼少期を過ごしたマンスフェルトの故郷のことを、その晩年にいたるまで忘れることはなかった。すでに一五三〇年代半ば頃から、マンスフェルト地方の銅山と精錬業の権利をめぐり、これまで鉱山業を営んできた労働者たちと、この産業を新たに重要な経済的収入源として自分の直接の管理下に置いたアルブレヒト伯との間で争いが生じていた。この措置によって、多くの労働者たちが借金をかかえるなどの困窮を強いられることになり、その中にルターの弟ヤコブと叔父のパウルも含まれていた。親族からの助けを求める声はルターの耳にも届いていた。また、教会や学校の人事任命権をめぐって、マンスフェルトの権力者の間で対立が生じていた。それらの調停を試みようと、一五四五年十月以来、ルターはヴィッテンベルクからアイスレーベンを三度訪れている。

一五四六年一月二十五日に、彼は三人の息子を連れて三度目の旅に出るため、ヴィッテンベルクを離れた。それがケーテ（ルターの妻カタリーナの愛称。一四九九―一五五二年）との最後の別れとなった。二月十日に、アイスレーベンからケーテに宛てた手紙の中でルターは、「私たちは、有難いことに、元気にしている」と書いている。ルターは、旅先から合計六通の手紙をケーテに書き送っている。最後の旅でルターが書いた手紙一二通の半分は妻に宛てて書かれたもので、二番目に多い盟友メランヒトンへの四通の手紙を上回る。このような事実から、ルターの妻ケーテへの深い結びつきと同時に、ルターがいかにその関係を実践的に温めていたか、窺い知ることができる。調停役としての働きや教会での説教奉仕等による忙しさにもかかわらず、ルターは、ヴィッテンベルクで彼のことを心配して待つケーテのことを忘れることはなかった。

十四日の手紙では、結石が痛むこともなく過ごしていることを報告しており、まさか数日後にこの世を去ることになるとは、彼自身予想だにしていなかったことであろう。しかし、その日は、多くの場合がそうであるように、ルターにとっても、突然にやってきた。ルターは、その生涯の最初と最後の日を、はからずも同じ町アイスレーベンで迎えることになる。

ルターがどのように最期を迎えたのか、幸い、アイスレーベンに同行し、ルターの死を看取った同僚たち、ユストゥス・ヨナス、ミヒャエル・コエリウス、ヨハネス・アウリファベルらの証言が残されている。例えば、ヨナスは、ルターが息をひきとったその日の内に、選帝侯に報告を送り、約一か月後の一五四六年三月十五日には、コエリウスと共に詳細な報告書を出版している。これらの証言は、偉大な宗教改革者の最期を一つの漏れも無く書きとどめ、後生に伝えようとした、ルターと宗教改革の支持者たちによる最初のルターの記憶（ルターメモリア）の行為である。ということは、歴史的な証言を通してルターの死について知るとき、それは同時にルターについての最初のプロテスタント的想起の目線から、ルターの死を経験していることにもなる。そのことを念頭に置きながら、ルターの最期を私たちは見ることになる。

ヨナスとコエリウスによる報告に従い、二月十七日にルターが寝泊まりしていたアイスレーベンの部屋の様子を窺ってみよう。その日、ルターは体調が芳しくないため、調停協議には参加しなかった。夜八時に食事をした後、部屋で過ごしていたルターの胸に、突然、強い痛みが走った。今で言う、狭心症の症状である。少し眠りについた後、十時になって目を覚まし、同僚たちが看病しながら見守る中、ルターは暖められた寝室のベッドに移動し、眠る前に詩編31編6節をラテン語で唱えた。

「まことの神、主よ、御手にわたしの霊をゆだねます。わたしを贖《あがな》ってください」

しかし、夜中に再び痛みを感じて目覚めたルターは、最後の時が近づいていることを感じ、そばにいたヨナスに向かって、次のように告げている。

「親愛なるヨナス博士、私は、（私が生まれ、受洗した）ここアイスレーベンで死ぬことになると思う」

少し後に、再び今度は神に向かって訴えている。

「愛する神よ、痛みは強く、不安です。私は倒れ、いまやアイスレーベンで死ぬことになるでしょう」

同僚たちは、そんなルターを慰め、その汗を回復の兆しとして励ました。しかし、ルターはこう反論している。

「まさに、これが冷たい死の汗だ。私は息絶えるであろう。なぜなら、病は重くなるばかりである」

ルターは自分の死を確信し、不安を正直に神に告白しながらも、そのすべてを神にゆだねる覚悟を決めていた。

臨終に際し、ルターにできたことは、信仰を聖書のことばによって告白することであった。

「神は、その独り子をお与えになったほどに、世を愛された。独り子を信じる者が一人も滅びないで、永遠の命を得るためである」（ヨハネ３・16）。続いて、詩編68編21節「この神はわたしたちの神、救いの御業の神、主、死から解き放つ神」。

その間に薬をひとさじ飲んだルターは、再び、「私は倒れ、息絶えるであろう」と述べた後、急いで、詩編31編６節をラテン語で三度繰り返し祈っている。その後、ルターの口は閉ざされ、目をつむったまま、反応が無くなった。そこで、ヨナスとコエリウスがルターに、「キリストへの信仰において死に、その教えを堅く守りますか」と呼びかけたところ、その時だけは、はっきりとした声で返事が戻ってきた。

「はい」

福音主義的信条に対する信仰告白、これが証言者の報告によるルターの最後の言葉である。その最期は、体の痛みも死の苦しみもない、主のもとに眠りについた安らかな死であったと目撃者たちは証言している。それは、後に述べるように、プロテスタント的な「良い死」を体現した最期であった。

私たち人間は、どのような仕方であるにしても、いつかは死を迎える。死は普遍的な人間の問題である。しかし、それにどのような答えをだし、どのような態度を取るかは、それぞれの時代や文化によって異なる。そして、そのような違いはあったとしても、だれもが良い死を迎えたいと願うものであり、人類の歴史は、そのための様々な努力を証言している。ルターの時代のヨーロッパの人々もまた、良い死を願い、その実現のための最善の道を探求していた。そこで、以下に、ドイツ宗教改革の背景にある中世キリスト教文化における良い死について概観し、それとの比較において、ルターの死をどのような意味でプロテスタント的な「良い死」と理解できるのか、確認してみたい。

中世的な良い死

中世ヨーロッパの人々の平均寿命は、三十歳前後とも言われている。乳幼児の死亡率は高く、成人に達した人々の平均寿命も五十歳ぐらいであったという。その時代、都市や貨幣経済の発達といった新しい状況が確かに見られるものの、ほとんどの人々の生活が、その時々の農作物の収穫に大きく依存しており、常に飢餓の危険に晒されていたことを理解する必要がある。経済的繁栄を享受する現代日本社会では、貧困は一部の人々にのみ該当する何か特別な事態と考えがちである。しかし、中世ヨーロッパにおける貧困は、だれにとっても身近で、生存そのものを脅かす現実であった。さらに、十四世紀半ばに、ヨーロッパ全土でペスト（黒死病）として知られる疫病が流行し、それに関連して人口の三分の一が犠牲となったと言われている。この疫病は、その後も繰り返し流行し、ヨーロッパの人々の生存を脅かした。

ルターの活動の中心地、ヴィッテンベルクも、一五二七年の夏にペストに見舞われ、多くの死者を出している。

その年の八月十九日付けの手紙の中で、ルター自身、当時の市長ティロ・デネスの妻をその腕の中で看取ったと書いている（WABr 4, 232, 16－17）。死は常に戸口に立っていた。このような現実の中で、永遠の命を信じるキリスト教徒にとって、死を避けることではなく、いかにして良い死を迎えることができるかが重要な問題であった。

それゆえ、「良い死」とは、単に身体的に苦しみの少ない死ということではなく、むしろ、死後の世界の魂のために、十分に備えた臨終の過ごし方を意味していた。キリスト教会は、神の救いの恵みを見える形で保証する秘跡（サクラメント）の提供によって、個人の魂が無事に天国へと迎え入れられるための道を用意していた。

いかに死ぬべきか、という問いに対する中世末期の人々の関心の高さは、十五世紀に『アルス・モリエンディ』（死の技法）という書物が非常に多く執筆され、印刷されて出回ったことにも表れている。臨終のマニュアルとも言えるこの書物は、臨終に瀕する人が良い死を迎えるための手引き書であった。この手引きに従い、キリスト教徒に相応しい最期を迎えること、すなわち良い死を迎えることが求められた。

『アルス・モリエンディ』1497 年頃

例示した図版は、一四九七年頃に出版されたラテン語の『アルス・モリエンディ』の挿絵の一つである。高さ二〇センチ、一三葉からなる小冊子で、一四九三―九八年の間に、ライプツィヒの印刷工房からラテン語版が五刷、ドイツ語版が三刷出版されており、非常に人気のある出版物であったことが窺える。木版画の中では、ベッドに横たわり臨終の時を迎えようとしている人に、司祭が聖餐のサクラメント（聖体の秘跡）を授与している。クロスがかけられた机の上には、聖体容器、臨終のロウソク、そしておそらくは聖水の入った容器が置かれている。さらに、ベッドの右手前に立つ天使が手に持った香炉を振っている姿が見られる。『アルス・モリエンディ』の小冊子では、死に至るまでに行われるべき一つひとつの具体的な行為が木版画とテキストによって描写され、魂の確実な救いへの道が段階的に示されている。その中でもとりわけ重要なことは、神の恵みの受領に欠かせない、悔い改め（ゆるし）、聖餐、（病者の）塗油の秘跡を受けることである。木版画で死ぬ間際に聖餐に授かる者の姿は、まさに良い死を迎えようとしている模範的・理想的な姿であった。

もう一つ、別の絵から中世的な良い死のイメージを見てみよう。上下二段に分かれたこの絵は、ルターの肖像画を多く残したクラナッハ（父）が一五一八年頃に作成した「死に臨む人（Der Sterbende）」である。ライプツィヒの医学教授ヴァレンティン・シュミットブルクの臨終の様子を描いたこの絵は、息子がその父のために作成させたことが、上段のラテン語碑文から分かる。下段の上部には、三重の豪華な冠を頭に戴く父なる神、鳩の姿の聖霊、そして、手足や脇腹に十字架刑の傷跡が生々しく残っているキリストが一つの輪の中に描かれている。この三位一体図の周りに、天使たちと共に、左にマリアとその母アンナを筆頭とした女性たち、右に洗礼者ヨハネと使徒たちの姿が見られる。下部には、ベッドにシュミットブルクが横たわっている。

中世ヨーロッパのキリスト教徒にとって、突然の死ほど恐ろしいものはなかった。それは、遺書を残すことも、悔い改めを行うことも、塗油の秘跡を受けることもなく死ぬことであり、魂の救いの確信なくこの世を去ることを意味していた。クラナッハの絵は、それとは対照的な良い死を描いている。ベッドの左側奥に座る緑色の服を着た公証人は、「魂を神に、体を土に、財産を親戚に」という遺言を書きとめている。ベッドの傍らに立つ司祭は、手に十字架と臨終のロウソクを持ち、「罪を悔い改め、赦しを請い、（神の）慈愛を期待しなさい」と語りかけている。本人は、「たとえ、罪を犯したとしても、神を否定したことは一度もない」と告白している。上部の

ルーカス・クラナッハ「死に臨む人」1518年頃

三位一体の図と下部のベッドの間の空間に浮かぶ裸の青年は、臨終者の魂を描いたものである。その左手には天使が「良い行い」という札を持ち、反対に右側には、三匹の怪獣たちが、青年、成人、高齢の三つの時代の罪を問責しようとしている。死に臨む人の魂は、自己の生涯の「罪業」を眺めつつも、「良い行い」を示す天使へと身を向ける姿で描かれている。クラナッハは、一五二〇年代に入ると、「人間の行為」と「神の恵み」を対照的に描いた宗教改革的な作品を手がけている。しかし、「死に臨む人」では、「悪い行い」と「良い行い」が対置されている。これは、個人の魂の運命が人間の行為の質にかかっていることを前提とし、まだ中世的な性格をもっている。次章でより詳細に述べるが、本人の「良い行い」が十分ではないとき、罪人の罪を帳消しにするキリストと聖人たちの良い行い、そして、そのような恩恵が分け与えられる秘跡を受ける行為が重要であった。「死に臨む人」は、秘跡的な儀礼よりも道徳的な態度が強調された作品ではあるが、中世的な希望に基づく「良い死」が描かれている。

プロテスタント的な良い死

中世的な「良い死」に対して、ルターが死に臨んでいる部屋では何が起こっていたであろうか。ルターの死についての証言を、「プロテスタント的な良い死」という観点から観察してみると、中世との連続性と同時に、大きく異なる点についても明らかになる。まず、一五四六年三月十五日に出版された報告書で顕著な点の一つは、終始一貫してルター自身が語っているということである。これは、周囲にいた人々の「ルターの権威に対する敬意の表れ」（Ｍ・ブレヒト）なのかもしれない。ルターに対する敬意と言えば、このような報告書が作成されること自体に表れているとも言えよう。しかし、ルターが主体として語り続けている記録を通して、もう一つ、はっきりと別の事態が示されていることに注目したい。それは、この宗教改革者が最期まで意識を保ち、自覚的にその臨終の時を経験しているということである。

ルターが最後に語った言葉の多くは、すでに見たように、暗誦していた聖書の言葉であった。ルカによる福音書23章46節で十字架上のイエスが最後に語った言葉でもある、詩編31編６節が繰り返し祈られていることから、ルターが当時の臨終の祈りの伝統を継承していたことが分かる。ただし、それは形式的な行為ではなく、他の聖句とともに、キリストにおいて死からの解放と永遠の命を約束する神に対する深い信頼の表明であり、ルターの祈りとして理解できる。証言者たちが伝えるルターの文字通り最後の言葉は、福音主義的信仰の表明であった。その直後に、ルターは息を引き取っている。

これらの証言すべてが、ルターが非中世的な死を遂げたことをよく示している。悔い改め、聖餐、塗油の秘跡を受けることも、聖人たちに呼びかけることもなく、聖水や香炉が使用された形跡もない。「臨終の際に、サクラメントよりも重要であったのは、祈りの中での神との対話であった」（Ｖ・レッピン）。死に臨む人が横たわる部屋を満たすものは、もはや教会的・宗教的儀礼ではなく、信仰者自身の神との祈りにおける関係性である。そして、その関係性は、神がその人に臨み、語る、救いの約束のことばを受け入れる信仰によるものである。ルターによる諸々の聖句の引用も、そのような信仰的態度の現れとして理解できる。

このようにルターの死に関する報告の特徴を分析していくと、そこに「キリストのみ」「恵みのみ」「聖書のみ」「信仰のみ」という宗教改革的スローガンに対応した態度を見ることができる。ルターが語った言葉が記録されているということに疑いをもつ必要はないと思うが、証言者たちの記録は、ルターがその死を通して、中世的良い死に代わる「プロテスタント的良い死」の模範を後世に残したことを伝えるものとなっている。

ルターの考えた良い死と遺書

人は、臨終に際し、何を思い、何を語るのであろうか。最後の力をふりしぼる心臓やあえぐ自分の体の響きを感じながら、最期を生きることに必死で、何かを語るどころではないのが現実かもしれない。ルターが何を語ったのかについて見てきたが、そのような観察の中で、ルターが何を語っていないのかも明らかになる。すなわち、記録の中には、同席した二人の息子やヴィッテンベルクで帰りを待つ妻ケーテへの言及が一切ない。ミュンスター大学の教会史家ブレヒトは、「死に臨んでいる人〔ルター〕にとって家族のことは、明らかに神への関係と使命の背後に後退している」と指摘している。また、ルターの死の問題について考察している石居正己は、ルター自身が最期まで「公の立場にいた者」として振る舞っていることを指摘する。しかし、家族への言及がないということが、ルターが最後の日々、また最後の時に、家族のことを全く考えていなかったということを意味してはいないであろう。例えば、病を抱えながら真冬に旅するルターを、妻ケーテがとても心配していることをルターはよく知っていたし、そんな妻のことを逆に気遣ってか、こまめに筆を走らせ、旅の様子を綴った手紙をヴィッテンベルクに送っている。この事実は、ルターが常に家族との親密な関係の中に生きていたことを示している。

さらに、ルターの死に至る道程をもう少し長いプロセスとして捉えるならば、ルターが家族との関係においても死への備えをしていたからこそ、穏やかな最期を迎えることができたということも見えてくるのではないかと思う。その重要な備えの一つは、遺言であった。

ルターは、一五二六年以来患っていた腎臓結石の悪化等により、一五三〇年代後半頃から繰り返し死の危機を経験していた。一五三七年のシュマルカルデン滞在中は最もひどく、死を予感したルターは、移動中の馬車の中で、同席したヴィッテンベルクの信頼できる同僚ヨハネス・ブーゲンハーゲン（一四八五―一五五八年）に最初の遺言を伝えた。しかし、その後、再び回復したルターは、一五四二年になって、もう一度、妻ケーテの将来的な生活が保障されるよう遺言を作成し直した。ケーテの住居の確保、子どもの養育費や借金の返済に充てることができる一〇〇〇グルデン相当の食器や装身具の授与など、ケーテのためにできるかぎりのことをルターが試みていることが分かる。この遺言は、メランヒトンを筆頭に三人の同僚の署名がされてはいるものの、法的に有効な形式で作成されてはいなかった。しかし、ルターの死後、選帝侯によってこの遺言は正式なものと認められ、友人たちの働きかけもあって、借金の返済も行われたという。すなわち、ルターは臨終に際し、クラナッハの「死に臨む人」に見られたような遺言を残す行為をもはや必要とはしていなかった。

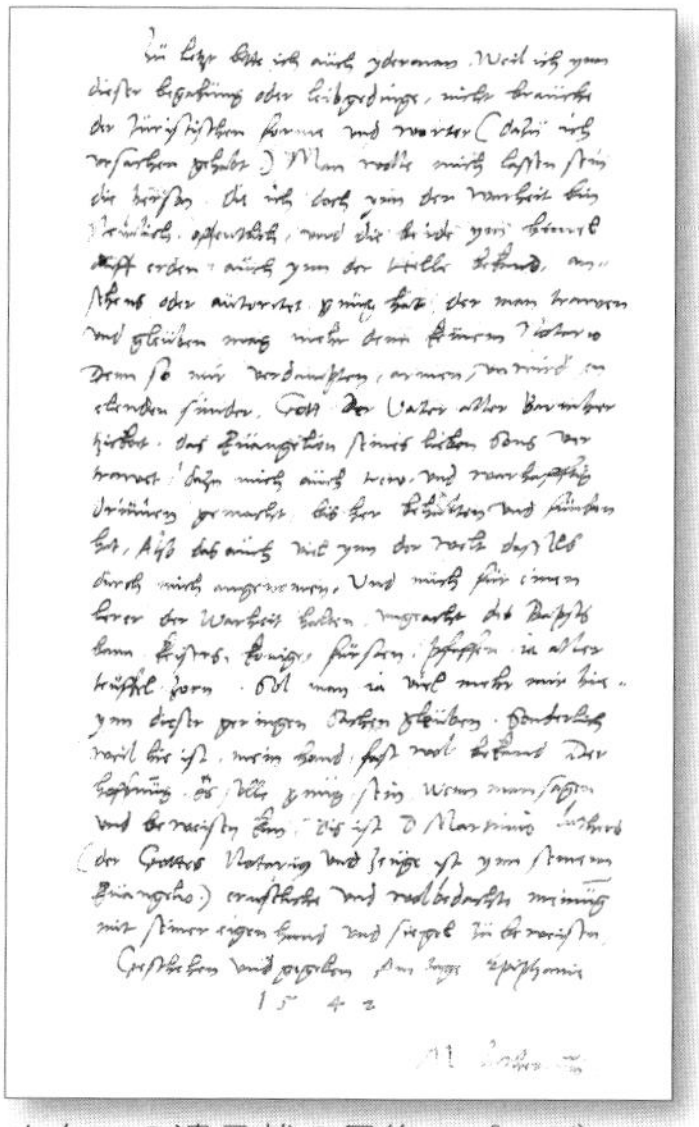

ルターの遺言状の最後のページ

このような世俗的な行為を十分に終えていたことも、良い死を迎えるための重要な要素の一つとして理解することができるのではなかろうか。ルターの著作の中にも、「アルス・モリエンディ」の伝統、すなわち、死に臨む人々を配慮して、最後の時の過ごし方について助言するパンフレットがある。例えば、一五一九年の『死への準備についての説教』がその一つである。興味深いことは、家族への遺言も含めて、ルターが「生きた」死に方に、ある意味で、『死への準備についての説教』で彼自身が示した「良い死」の理解を見ることができることである。

『死への準備についての説教』は、八葉からなる小冊子で、二〇節に区切られている。ルターは、最初の二節において、死を身体的別れと精神的別れとに区別し、それぞれの観点から、死の備えについて勧めている。注意しなければならないのは、この区別が世俗的な関係性の中での二つの領域を意味しているということである。身体的には遺産相続の整理、精神的には他者との和解が問題となっている。人間はこの世の生において一方で物質的な関わりの中で、他方で精神的な関わりの中で他者と共に生きている。ルターは、まずそのような人間の身体性と精神性の二つの側面から、この世の生との別れに必要な準備について語っている。つまり、身体的と精神的とは人間の自然本性的な区分であり、それに従って、この世の生、具体的には社会的関係における物質的事柄と精神的事柄とが取り上げられている。これらの事柄をルターが歩んだ死への道程の中に見るならば、ルターは、すでに家族を配慮した遺言を作成していたし、親族を含む社会的関係上の争いの解決に最後まで尽力し、アイスレーベンにおける最初の調停に辿りついたところであった。

同時にしかし、ルターは、「死への備え」においてもう一つ別の次元があることを知っている。それは、自然本性や社会的関係の次元ではなく、神学的・霊的な次元における問題、つまり、神との和解という宗教的な問題である。証言者たちによるルターの死に関する報告は、この第三番目の宗教的な問題に対する宗教改革者の模範的な姿、プロテスタント的な平和な死を伝えるものとなっている。ただし、それは、ルターが身体的な痛みも苦しみも無く死を迎えたということを意味してはいない。報告の中にも、胸の痛みや不安を訴えるルターの姿が記録されている。

著者自身、父の臨終の場に接して、荒い呼吸を繰り返しながら、息を引き取った姿を看取った経験がある。しかし、そのような痛みは避け難いながらも、安らかな死であったと看取った者たちは考えている。なぜなら、それは、ルターが示し、また生きたように、身体的、精神的、そして霊的な良い関係の中で、その最期を迎えることができたからである。それはある意味でとても幸いなことであった。

ルターの死を伝える報告書は、以下に見るように、ある特定の状況の中で、特定の意図をもって纏められた文書であった。そのため、ルターの死のある一面が強調されて報告されている可能性がある。ルターの臨終を看取った者たちにとって、ルターは宗教改革者として公的な性格を持つ人物であった。ルターの安らかな死は、キリストの十字架を通してすべての嘆きや痛みを聞き届け、罪を赦し、永遠の命を約束される神への深い信頼に基づいていた。この「信仰のみ」による救いの確信が、ルターの安らかな死の根底にあることが示される必要があった。しかし、同時に、この世に生きる一人の人間として安らかに最期を迎えることは、全人格的な死への備えの中で可能となるものであったこと、そして、その中に、妻ケーテや家族との信頼の関係も含まれていたに違いないことを記憶にとどめておきたい（ルターと家族については第７章を参照）。

現代への問いかけ――ルターメモリアのはじまり

死者との関係を生きる

「記念する」という行為の根底には、死者を追悼するという極めて人間に本質的な行為がある。昨今、社会人に求められる能力の筆頭にコミュニケーション能力が挙げられているが、それは生者同士の交わりを意味している。しかし、人間は、生者との関係だけでなく、死者との関係をも生きており、その関係は、記憶し、想起し、記念する行為によって成り立つ。人間が死と死別を避けることができない限り、死者と生者の関係を結ぶ記憶を紡ぐ作業は不可欠であり、そこから様々な「想起の文化」が生じる。生者同士の関係は、新しく生じる直接的な出会いの中で経験することが可能である。その際、会話だけでなく、五感を用いた様々なコミュニケーションを通して、互いの関係性を確認することができる。

少し脱線するが、著者が本書の執筆中に滞在したドイツでは、出会いと別れの挨拶に、握手をするだけでなく、親しい間柄では、抱擁することも、互いの存在と関係を確認し合う重要なコミュニケーションの一つとなっている。それゆえ、たとえインターネットが普及し、インターネット電話（Skype《スカイプ》）等で連絡できたとしても、家族が長期間離ればなれに生活することは、身体的な触れ合いの欠如をもたらすものとして、時には耐え難いことと受けとめられることがある。このような文化は、特に現代社会のインターネット上のヴァーチャルな関係を相対化するものとして、有効に働いているかもしれない。逆に、公の場でのコミュニケーションとして他者と触れ合うことの少ない日本の文化は、インターネット上の関係への親和性が高い社会なのかもしれない。

生者同士の関係の場合、生者同士がそれぞれの主体的な行為を通して、他者との関係性を構築する。しかし、死者との関係性となると、生者はただ自分自身の記憶によってしかそれを保つことができない。他者の死は、生者にとって、ある関係性の終わりを意味するが、同時に、生者同士の関係から、死者である他者との関係へと、新しい関係性に移行することをも意味する。そして、この移行は、葬送の儀式によってはじまり、その関係性は、繰り返し行われる追悼行為によって保たれる。

一五四六年二月十八日木曜日という日付は、残された者たちにとって、生者である宗教改革者ルターとの関係性の終わりと同時に、死者としてのルターとの関係性のはじまりを意味している。ルターとその行為を記憶し、想起する「ルターメモリア」の文化のはじまりである。二〇一七年十月三十一日に、ルターによる「九十五か条の論題」から五〇〇年を迎えるドイツでは、二〇〇七年から一〇年間にわたって、宗教改革五〇〇周年を記念する行事が計画され、実施されている。

最初のメモリア

では、最初のルターを記念する行為は、だれが、どのように行い、さらには、そこにどのような意味が見出されていたのであろうか。

ルターが亡くなったその日の内に、アイスレーベンの絵師が呼び出され、ベッドに横たわるルターの肖像を描いている。この絵は紛失されたままであるが、翌日、ハレの町からやってきたフルテナーゲルによる肖像画が残り、クラナッハ（子）をはじめ、多くの画家によって模写されてきた。そこに、ルターの姿をできるだけ記憶にとどめておきたいという願いが窺える。

ルターの穏やかな死に顔の肖像画の作成には、他にも重要な意味が与えられていた。ルターが亡くなる一年前の一五四五年に、イタリアで『ルターの恥ずべき死について』という小冊子が出版されていた。それは、ルターがいかに苦しみながら恐ろしく呪われた死をとげるかについて述べることで、ルターの異端性を宣伝しようとした、カトリック陣営側からの攻撃の書であった。これを手にしたルター自身、それを逆手にとってドイツ語に翻訳し、偽りの書として出版させている。

ルカス・フルテナーゲル、1546年2月19日

折しも、プロテスタント陣営によって結成されたシュマルカルデン同盟が、その勢力をドイツの各地域に拡大し、その動きに対抗するカトリック陣営との政治的・軍事的緊張が頂点に達していた。そして、ルターが亡くなった年の七月に勃発するシュマルカルデン戦争が目の前に迫っていた。妻ケーテへ宛てた最後の手紙の中で、ルターは、巷で彼が死んだという噂が出回っていることや、カール皇帝軍が三〇ドイツマイル（約二二〇キロメートル）離れた場所に駐留しているという情報を得ていることについて言及している。ルターが死を迎えたとき、神聖ローマ帝国内のプロテスタント主義は、極めて複雑で、流動的な政治的状況の中で、危機的な事態に直面していた。そのような状況下で、いずれの陣営にとっても、ルターの死は、政治的・宗教的に利用できる大きな意味をもっていた。ルターが恥ずべき悲惨な死をとげたならば、それはカトリック陣営にとってプロテスタント主義を攻撃する格好の材料となる。実際は、死を待たずに「ルターの恥ずべき死」についてのプロパガンダが行わ

れていたのであるが。プロテスタント陣営にとって、ルターは、まさにプロテスタント的信条を体現する、陣営の顔とも言える存在であり、ルターの死を荘厳に追悼することは、その信条の正しさとそれに基づく政治的勢力の揺るがぬ自己理解を内外に示す重要な機会であった。

フルテナーゲルが描いたルターの死に顔のなんと穏やかなことか。この肖像画を見れば、だれでも描かれた人物がその生涯を安らかに終えたことに疑いをもつことはないであろう。ルターの死について述べたどんな報告や記録も、この肖像画の視覚的な情報発信力に敵うものはない。識字率が高く見積もっても一〇パーセントと見られていている時代における視覚的なメディアの効力は大きい。この肖像画は、巷に出回っている「ルターの恥ずべき死」についての噂が何の根拠ももたない嘘偽りであること、つまり、プロテスタント主義が依然として正統性をもち、その行く末は安泰であるというメッセージを発信している。

ルターの遺体は、二月十九日に、アイスレーベンの聖アンドレアス教会に安置され、ユストゥス・ヨナスが最初の追悼説教を行っている。二十日には、ミヒャエル・コエリウスが追悼説教を行い、その日の内に、ルターの棺はハレに移された。一行は、二日後の月曜日の早朝にヴィッテンベルクに到着した。棺は城教会に安置され、ルターに牧会的に寄り添ってきた市教会牧師のブーゲンハーゲンが葬儀で一般的に用いられていたテサロニケの信徒への手紙一４章13、14節を用いて追悼説教を行っている。彼は、ルターを「偉大な教師、預言者、そして神から派遣された教会の改革者」と呼び、ヨハネの黙示録14章６節に登場する福音を宣教する天使に喩《たと》え、敵対するカトリック陣営が没落する運命にあることを告げた。

続いて大学を代表してメランヒトンが追悼の辞を述べている。メランヒトンの追悼の辞は、ルターの生涯と功績について簡潔に語ったもので、ルターの死後の最初の伝記的な記録とも言える。ドイツの歴史家シリングは、ルターを世界史的・救済史的に決定的な意味をもつ人物として記憶させるメランヒトンのこの試みを、「プロテスタント的ルター想起の最初の頂点」であり、「この結びつきが、後の数世紀にわたるルターの記念（ルターメモリア）とプロテスタント的自覚を規定した」と見なしている。にもかかわらず、メランヒトンの追悼の辞の具体的な内容について、ほとんど紹介されることがないので、ここで少し詳細を見てみたい。

メランヒトンは、冒頭で、単にルターを賞賛するだけでなく、「むしろ、ここに集まった方々に、すばらしい功績と同様に、教会の危機的状況を思い起こしてもらいたい」と語りかけている。メランヒトンは、ルターを「神から召しだされた福音の僕《しもべ》」と呼び、アダムに始まる聖書の父祖、預言者、使徒、教会教父の名前を列挙し、次のように結論づけた。「ルターは、それゆえ、教会を集め建てるために神が派遣した、かの卓越した人々の偉大な群れに数えられるべきである」。さらには、ルターが、イザヤ、洗礼者ヨハネ、パウロ、アウグスティヌスと並んで、古代の英雄たちに優る指導者の一人であったことが述べられている。ルターの声によって福音の光が再び輝かしく灯されたのである、と。

メランヒトンは、ルターの功績として、真の悔い改めの教説、信仰義認の教え、律法と福音の区別、異教的悪習の廃止による神との真の関係の回復、聖書のドイツ語訳と解説を挙げ、ルターが常に真の教えによって敵と闘ってきたことを想起している。その際、そんなルターに対して、「許容するには辛辣《しんらつ》すぎる」という批判的な声があったことも、メランヒトンは隠そうとはしなかった。しかし、それは時代のあまりにも深刻な病気のために、神が厳しい医者を与えたこととして理解できると述べられている。さらに、親しい間柄におけるルターの人間味あふれる姿に言及することも、忘れてはいない。「彼（ルター）は、純粋な教えを毅然として守り、良心を潔白に保った。彼と知り合った者で、彼がいかに親切で、親しい者に愛想よく、争いあるいは口論を好まない人物であったかを知らない者がいるであろうか。そのすべての態度に、その人物に相応しい品格があった。すなわち、彼は、誤りなき心と好意に満ちた口をもっていた」。ルターの無愛想さは、真実への熱心から生じたもので、けんか好きや気むずかしさからではなかったことを、メランヒトンは一人の友人として証言している。

さらにメランヒトンは、神への畏れ、信仰、熱心な祈り、職務における品行方正、節制、注意深さ、扇動的意図の拒否、学習意欲といった、ルターの徳に満ちた態度を想い起こし、模範とすることを聴衆に勧めている。追悼の辞を終えるにあたっては、トルコ人の脅威、国内の敵対勢力との戦争、ルターによる指導を恐れない者たちの存在など、教会が危機的な状況にあることに言及し、ルターが再び明らかにした純粋な教えとルターの徳に一層注意深く学ぶよう、聴衆を鼓舞している。メランヒトンは、その追悼の辞の中で、短く、ルターを失った自分たちを、父を亡くした息子に喩えているが、その喪失感や悲しみについて多くを語ることなく、むしろ、卓越したルターの精神を記憶に刻みつけることに集中している。

デューラー「メランヒトン」（1526年）

メランヒトンがルターを世界史的・救済史的な文脈の中に決定的に位置づけるとき、それは、ルターの賞賛にとどまるものではなく、残された者たち自身も同様に、「神が私たちを召しだしている、将来にわたる永遠なる目標を眺める」ことに結びついていた。メランヒトンの追悼の辞は、主体的あるいは実存的な行為としてのルターの想起（ルターメモリア）であったと言うことができるであろう。

これらの追悼の言葉は、教会や大学を現場とする神学者たちによって行われた。しかし、ルターの葬儀に関する手綱は、はじめから終わりまで、選帝侯ヨハン・フリードリヒが握っていた。つまり、宮廷主導でルターの葬儀と埋葬、すなわち、最初のルター想起の行事が行われたのである。ルターの棺の行進も、ヴィッテンベルク城教会への埋葬も、当時の普通の個人の家庭の葬儀とは全く異なる特別なものであった。それは、むしろ公的性格をもつものとして執り行われた。ルターが埋葬された教会は、市教会（聖マリエン教会）ではなく、当地を支配してきた領主たちが埋葬される城教会であった。それは、選帝侯の家系に並んで埋葬されるという栄誉がルターに与えられたということを意味すると同時に、ルターを記念する行為が、ザクセン選帝侯領のアイデンティティと権力強化の柱の一つとして政治的に取り込まれたことをも意味している。

「ヴィッテンベルク城教会でのルター追悼説教」1557 年

こうして、ルター想起の歴史を顧みることは、個人的な次元を超えて、常に教会と国家の関係を顧みることを求めるものとなった。例えば、十九世紀のプロイセン国家のプロテスタント的アイデンティティや二十世紀のナチス政権によるルター想起のあり方をめぐる問題などを指摘することができるであろう。しかし、そこにとどまらず、将来に向けたルター想起のあり方とその意義をも問う、ルターメモリアが、ルターの死によってはじまったのである。

ケーテの受け止め方

ルターの家族、特に、妻ケーテにとってルターの死がどのように受け止められたのかについて、最後に触れておきたい。すでに見たように、ルターは、死ぬ四日前にヴィッテンベルクの妻に手紙を書き送っており、ケーテは、その手紙を受け取って間もなく、夫の死を知らされたことになる。

二月二十二日の早朝にヴィッテンベルクに到着したルターの棺は、長い行列を伴って城教会へと運ばれた。行列を牧師と生徒たちが先導し、それに導かれた選帝侯の使いやマンスフェルト伯と六五人の騎兵隊に、ルターの棺を乗せた馬車が続いた。その後ろを、ケーテと娘たちを乗せた馬車が走り、息子と男性の親族たちが歩いて続いた。親族の後に、大学教授、市参事会関係者、学生、そして市民が続いた。町の門から城教会に続くとても長く、厳かな葬送の行進である。ケーテは、そのような隊列の一部であった。シリングに言わせれば、「死んだ宗教改革者が本拠地である町に戻った一五四六年二月のかの月曜日、そこで上演されたのは、遺族の悲しみとその遺族への配慮ではなく、プロテスタント主義、すなわち、一五一七年の行為が時を経て発展した新しい教会制度の宗教的・政治的自己表現であった」。脇に追いやられた形のケーテであるが、義姉妹に送った手紙から、彼女自身が夫の死をいかに深く悲しみ、悼んでいたかを窺い知ることができる。少し長くなるが、シリングが紹介している手紙から引用してみよう。

クラナッハ「カタリーナ・ルター」（1526年）

「私たちの愛する主イエス・キリストの父なる神の恵みと平和がありますように。親愛なる姉妹。あなたが、おそらく私と子どもたちに心から同情してくださっていると思っています。なぜなら、一つの町あるいは領邦だけでなく、全世界のためにとても貢献した人物こそが、私の愛する主人であったように、そんなにもすばらしい夫のために、だれが悲しんだり、うなだれたりしないでしょうか。私は本当にあまりにも悲しみに暮れているため、大きな胸の痛みをだれにも言うことができず、どのような感覚と気分なのかさえ分かりません。私は、食べることも飲むこともできず、さらには寝ることさえできません。たとえ私が領主の権限や皇帝権をもっていたとし、それを失ったとしても、私たちの愛する主なる神が、私から、いいえ、私からだけでなく、全世界からこの愛するすばらしい夫を取り去ったようには、決して悲しみはしないでしょう。それを考えただけで、悲しみと涙のために（神はよく知っておられます）、話すことも書くこともできません」

注目されることは、ケーテ自身がルターの死を、個人的な「夫の死」としてだけでなく、全世界にとって大きな損失という公的な次元で捉えていることである。選帝侯による国葬的扱いによって、ルターの死に公的な性格が刻印されたことは確かであるが、この人物が、一つの領邦国家の領域をも超えて「世界的」な影響を与えた宗教改革者であったことを、妻ケーテも十分に理解していたと言えよう。

ルター死後の彼女の生涯は、決して易しいものではなかった。六年後の一五五二年に、ケーテは、ヴィッテンベルクで流行したペストを逃れる途上に事故に遭い、その際負った傷がもとで、ヴィッテンベルク南東の町トルガウで亡くなっている。

近年、彼女の宗教改革史における活躍について想起する試みが行われ、出版物や展示会で取り上げられている。ヴィッテンベルクのルターの家の地下には、ケーテの日常的な働きの場面を再構成したモデルが展示されており、宗教改革者の経済的・家政的背景を妻ケーテの視点から観察することができるようになっている。二十世紀後半から二十一世紀初頭にかけて、ルターメモリアの中で、ルターの周辺で同様に激動の時代を生きた人々のメモリアは、確実により多くの場所を獲得するようになってきており、宗教改革に対する私たちの視野を広げてくれるものとなっている。

歴史探訪――ルターの臨終の家

アイスレーベンの中心に立つ聖アンドレアス教会

アイスレーベンの聖アンドレアス教会を背景とした市場に立つルター記念碑

に接するアンドレアスキルヒプラッツ七番地の住所に現在の「ルター最期の家」が存在している。「現在の」と言ったのは、この場所がルター最期の家とされたのは、実は一八六〇年代に入ってからのことだからだ。

ルターが実際に息を引き取った場所は、一〇〇メートルほど離れたマルクト五六番地に建っていた、当時の市参事会書記ヨハン・アルブレヒトの住居であり、ルターの死後、家の扉にはルターの肖像を伴う記念銘板が設置され、世界で最も古いルター記念の場所であった。また、訪問者たちは、ルターが使用した杯やベッドを見ることができた。しかし、一五七〇年代には、君侯の官房のための部屋を用意するため、建物は取り壊され、ルターの遺品は官房に保管された。一六八九年の大火により、官房の建物も、ルターの生家も大きな被害を受けたが、ルターの生家は、一六九三年に修復され、アイスレーベンにおけるルターの記憶は、その後、この生家のみに向けられるようになった。ルター最期の家の跡地にあった官房の建物も一七〇七年に再建されたが、その際、保管されていたルターの遺品は焼却されてしまったようである。

なぜ、そのようなことになってしまったのか。なぜなら、ルターの遺品に対する関心が次第に非常に高まったため、ルターの望まなかった迷信的な信仰がこれ以上蔓延しないように、あっさりと焼却されてしまったという。ルターについての記憶は、建物や物品ではなく彼の教えと著作に向けられるべきである、という考えがそれ以降

アイスレーベン中心地

主流となった。一八一七年の宗教改革三〇〇周年記念には、ルターの生家の横にルターを記念する事業として貧しい家庭の子どもたちのための学校が建てられた。ルター想起は、こうして、ルターの遺品の保存ではなく、その教えを具体的に継承することに求められた。

しかし、その後、再びルター最期の家が注目されるようになった。それは、十九世紀に入って、中世に対する歴史的関心が高まったことに原因している。その関心から、ルター最期の家を歴史的に再構成することが試みられた。何よりも興味深いことは、そもそも人々の記憶から忘却されていた、ルターが最後を過ごした場所が、政治的・宗教的関心から再び注目を浴びたことである。歴史家によって誤ってアンドレアスキルヒプラッツ七番地とされていたルター最期の家は、十八世紀後半にパン屋として使用されていたのであるが、一八六一年に売りに出されることになった。そして、当時のプロイセン国王ヴィルヘルム一世が、この家を購入することになった。なぜなら、カトリック勢力がその家を購入し、宗教的・政治的に誤用することを避けたかったからである。こうして、ヴィルヘルム一世の命により、ルター時代の原型を失っていたその家は、ルターが滞在したときの姿に改修されることになったのである。

ルターが息を引き取った歴史的に正確な場所が再び特定されたのは、一九六〇年代になってからのことであった。しか

ルターの生家

し、その場所は、旧東ドイツ政権下に設置された人民公社管理棟として使用されていたため、公にされることはなく、アンドレアスキルヒプラッツが相変わらず正式な場所とされていた。マルクト五六番地がルター最期の家として公に認められたのは、二十一世紀初頭になってからのことであった。

現在の「ルター最期の家」は、相変わらず、ヴィルヘルム一世がルターを記念する家を作らせた場所に存在している。二〇一七年の宗教改革五〇〇周年記念の年を迎えるに当たり、二〇一〇年から二〇一二年にかけて、かなり大掛かりな改修・増築工事が行われた。これからアイスレーベンを訪れる者は、とても複雑に錯綜したルターメモリアの歴史を刻んだ「新しい」ルター最期の家の一角に、歴史的に再構成されたルター臨終の部屋を見ることができる。

「ルター最期の家」。
ルターゆかりの品が展示されている。

第2章

修道士であり、修道士でないルター

【エアフルト】

修道士として宗教改革者になったルター

一五〇五年七月十六日。この日をルター自身が、三四年後になって、図らずも宗教改革的認識へ導かれることになった出来事として想い起こしている。この日、ルターは、家族と友人に別れを告げ、当時のエアフルト大学から北東に歩いて五分程度の場所に位置する修道院、アウグスティヌス隠修士会の門をくぐり、その一年後に誓願を立て、修道士となった。

修道院というと、プロテスタント的伝統の立場からは、宗教改革によって克服され、解体された中世的なものとして、時には反感の目で見られることさえあるかもしれない。特に日本では、修道院はどこか遠い世界の存在となっているのではないだろうか。しかし、今日に至るまで、修道院はヨーロッパの原風景の一部を構成している。さらに近年では、プロテスタント諸教派の中にも修道共同体が成立し、宗教的に新しい風景を作り出している。宗教改革から五〇〇年の月日を経た今日、プロテスタンティズムと修道制の新しい関係が模索されている。そのような関心もまた、私たちを、ルターが修道制とどのような仕方で出会い、またそこから離れることになったのか、歴史的に想起する営みへと導く。

その際、いくつかの重要な事実を確認しておく必要がある。一つは、新しいプロテスタント的教会制度を起こし、その教会制度の中で修道制を廃止した張本人が、実は、当時の修道院の豊かな霊的・学問的環境に恵まれ、宗教改革者となる道を備えられたということ。もちろん、この環境の中で、徹底した姿勢で聖書的宗教の根本を追求したルターのラディカルさは、当時の修道制の壁をキリスト教的な自由を妨げるものとして乗り越えていくことになった。それにもかかわらず、ルターが宗教改革者として確固たる地位を確立した一五二〇年代の前半に、彼はなお修道士として生活をしていたことも忘れてはならないであろう。マールブルク大学の神学部教授W－F・ショイフェレが指摘しているように、「ルターが宗教改革者となったのは、修道士としてであり、そして、修道士であったからである」。ルターは、ある日突然に修道士をやめて宗教改革者になったのではない。あるいは、ルター自身が述べているように、宗教改革初期の時代に、「私は、修道士であり、修道士ではない」（WA 8, 575, 28－29）という実存を生きていた。これは、ルターがいつ、どのような仕方で修道士として生きる道を棄て去ったのか、という問いと関係しているが、まずは、その発端にあるルターの修道院入りの経緯から話をはじめよう。

ルターはなぜ修道士になったのか？

「七月十六日、アレクシウスの日、彼〔ルター〕は、こう言った。『今日は、エアフルトの修道院に入った日にあたる』。そして、どのように誓願を立てたのか、経緯を語り始めた。すなわち、一四日前に、旅の途上で、エアフルトから遠くないシュトッテルンハイム近郊で、落雷に恐れおののき、恐怖にかられて〔ドイツ語で〕こう言った。『助けてください。聖アンナ様。私は修道士になります』。しかし、神は、あの時、私〔ルター〕の誓願をヘブライ語〔の意味〕で理解してくださった。アンナ〔イエスの母マリアの母とされる〕、すなわち、律法的にではなく恵みのもとでと。あとで誓願を立てたことを後悔したし、たくさんの人たちがやめるようにと助言してくれた。私は、しかし、誓いを貫き、アレクシウスの日の前日、別れに親友たちを招き、こうして翌日、修道院に送っていってもらうことになった。とめようとする彼らにこのように言った。『今日で私と会うのも最後だ』と。そして、彼らは泣きながら送ってくれた」（WATr 4, 440, 5 – 15）

ルターは、落雷に襲われ、九死に一生を得る体験をしてわずか二週間後に、修道院に入っている。当時二十一歳であった青年ルターが、ハイデルベルク大学（一三八六年創設）と並んでドイツで最も古い大学の一つであるエアフルト大学（一三八九年創設）の教養課程（自由七科）を修了し、一五〇五年の夏学期に法学部の勉強を始めた矢先のことであった。社会的な成功を期待し、息子に投資してきた父親の意向に反して、また、友人たちが翻意を訴えるのにも耳をかさず、これまでこの世で積み上げてきたキャリアのすべてを捨て、周囲の人々からすれば「突然」、ルターは修道士になる道を歩みはじめた。

1505年、この門をくぐり、ルターは修道生活をはじめた

学生時代のルターの友人、クロートゥス・ルベアーヌスは、一五一九年十月十六日のルター宛ての手紙で、「天からの稲妻が第二のパウロのように」ルターを打ち倒し、修道院へと駆り立てたことに触れている（WABr 1, 543, 107）。どうやら、かなり早い時期から、ルターの回心は、劇的な回心の体験として周囲の人々にも知られて

いたようである。

ルターの修道院入りをめぐって、二つのことが確認される。まず、落雷という出来事が、ルターの決断を導いた外的な要因の一つであったということ。次に、しかし、「突然の死」に対する恐怖という内的な動機が、その際、決定的な意味をもっていたということ。後者について、ルターは、一五二一年のヴァルトブルク滞在中に執筆した『修道士の誓願について』の中で、自分の父親に向けて書いた序文に次のように述べている。

「眼前の記憶をまざまざと思い起こします。あなたが怒りを静められて私と会話され、私が天からの恐怖によって召されたということを主張した時のことです。というのも、私は自ら喜び願って修道士になったのでも、ましてや胃を満たすためにでもなく、むしろ、突然の死の恐怖との闘いにぐるりと壁をめぐらされて、強いられた、避けようのない誓願を立てたのでしたから。すると、あなたは言われました。幻想や妄想でなければよいのだが、と。その言葉は、あたかも神があなたの口を通して語られたかのように、私の奥深いところに入り込み、そこにとどまりました。しかし、私の心はかたくなでした」（WA 8, 573, 30 – 574, 3）

第1章で述べたとおり、当時のキリスト教徒たちにとって、突然の死ほど恐ろしいものはなかった。それは、魂の救いの確信なくこの世を去ること、つまり、死後の魂のための十分な備えなく死ぬことを意味していた。ルター自身は、当時、具体的に死と触れるどのような機会をもっていたであろうか。メランヒトンは、一五四六年、ルターが、修道院に入った同じ年に親友の一人が殺された経験を通して、神の怒りの「恐怖を最初に、ある

クラナッハ「修道士ルター」（1520年）

いは激しく感じた」と述べている。ただし、ルター自身の証言によって、その親友が殺されたという出来事を裏づけることはできない。確認されていることは、エアフルト大学で四年以上かかる自由七科の教養課程を学び終え、一五〇五年一月にルターと一緒に修士号の試験を受けたヒエロニムス・ブンツという学生が、その直後に、病気にかかってしまい、資格を得ることなく、死んでしまったということである。また、在学中に三人の法学部教授が亡くなり、その内の二人の教授が、死の間際に、法学博士ではなく、良い死が保証された修道士であればよかったと、後悔の言葉を語っていたという噂を耳にしていた（WA 40/II, 283, 21 – 23）。さらに、一五〇四－〇五年に、エアフルトをペストが襲った。

これらの出来事を、その時々に、ルターがどのように感じ取っていたのかを知ることはできない。しかし、突然の死は、ルターにとって身近で起こっていた具体的な問題であったし、友人の突然の死を前にして、学問的業績やキャリアというものが一瞬にして空しいものとなり得ることを、友人の一人として強く感じるということもあったのではなかろうか。死の恐怖にしばしば苛まれていた青年は、もしかしたら、以前から修道院に入ること、そして、それによって確実な魂の平安を獲得することを考えていたのかもしれない。落雷に遭って二週間、それは最後の覚悟を決めるに十分な期間であった。

修道院における苦悩と出会い

だれもがその時代の文化的な影響から全く自由に、何か新しいことをはじめることができないように、ルターもまたその時代の宗教的な枠組みの中で、悩み、思考し、進むべき道を選び取っていった。しかし、ルターは当時の宗教的環境が提供する救いの手段の中でも、世間一般に人気のあった巡礼、寄進、贖宥状《しょくゆうじょう》購入といった解決方法ではなく、むしろ、家族や友人たちから反対される道、すなわち修道院に入る道を選んだ。そこに、彼の救いに対する悩みの真剣さと宗教的関心の深さを見ることができる。しかし、たとえそうであったとしても、ルターの時代が提供する、救いを獲得するために有効な一つの道を選んだことに違いはない。家庭での厳しい躾《しつけ》や厳格な規則に従った学生寮での生活の経験も、修道院への道を用意していたのかもしれない。一年の修練期間を経た後、清貧、貞潔、従順を守る修道誓願によって一人の修道士が誕生した。

修道誓願は、ある意味「第二の洗礼」とも言えるものであった。修道士となることによって、すべての罪が清められ、より確実な救いが約束されていると考えられていたからである。

ドイツ語の修道院（Kloster）という言葉は、ラテン語の「ある場所を閉鎖する遮断物」（claustrum）に由来している。また、ドイツ語の修道士（Mönch）という言葉は、ギリシア語で「孤独」「一人」を意味するモノス（monos）から派生したモナホス（monachos）に由来する。ドイツ語の修道制（Mönchtum）も同様である。この語源的な特徴は、修道制のはじまりが、古代教会時代に、荒野や人里離れた場所で、一人で暮らしていた隠修士たちの修道生活にあることを示している。そこへと修道生活の理想に惹かれた人々は集まり、次第に集団を形成し、共同生活をするようになり、今日の修道院が成立してきた。近年、修道的生活を試みるプロテスタントのグループでは、この共なる生活を強調し、共同体（Kommunität）という名称が用いられることが少なくない。

ルターが入会したアウグスティヌス隠修士会は、フランチェスコ会、ドミニコ会、カルメル会とならぶ托鉢修道会の一つであり、イタリアで一二四四年に創立され、一二五六年に教皇の認可を得て、一二六六年には、エアフルトに進出し、一二七七年に修道院の建設がはじめられた歴史をもつ。托鉢修道会（Mendikant）の「托鉢」とは、ラテン語の「物乞い」（mendicare）に由来している。上に述べた四つの修道会は、富裕化して腐敗した中世の修道院に対する反省から、財産放棄と清貧を徹底する修道的生活の理想の実践を目指した。修道士たちは、この世的な生活を捨てたとしても、托鉢や礼拝を通して、世俗社会との接点を全く失った訳ではなかった。

アウグスティヌス修道院の回廊

当時のルターの修道生活は、詩編の朗読や聖歌と祈祷を内容とする「聖務日課」を骨組みとした規則正しい生活であった。聖務日課は、夜明けとともに行われる朝課にはじまり、一時課、三時課、六時課、九時課、晩課と続き、日暮れ時の終課まで、定時に行われた。また、特定の場所や特定の時間には沈黙が求められ、多くの時が一人での祈りや黙想に用いられた。一年の約三分の二が断食期間であり、この期間には肉や卵、乳製品が許されず、しかも一日一食であったという。このような厳格な規則に従った生活は、沈黙の中で、徹底して自分の内面と向き合うこと、しかも、神の前で自己を省察することを意味していた。この自己精査は、週に一度の罪の告白を求める悔い改め（ゆるし）の秘跡の制度によって、徹底された。

ルターにとっての根本的な問題は、最後の審判を究極的な定位点として、人を裁き、罰する神の眼差しの前で、人はいかにして義しい人であり得るのか、という点にあった。最後の審判において、永遠の死としての地獄と永遠の命としての天国に分けられるのであるが、それは、人間の存在の価値が究極的に問われることを意味している。人生の最後に、審判者の前で自分の存在根拠を問われ、自分の行いによって存在に価する者であることを確証することが求められる。修道生活の実践は、このような宗教的要求に耐えうる最善の道、最も確かな道を提供するものであるはずだった。

ルターが修道院の厳しい規則を守りきれなかったことが、宗教改革的思想の発端にあったのではないかという評価は正しくない。事実はむしろその逆で、ルターは、だれよりも熱心に修道生活を実践した修道士であった。

その熱心さは、過敏と見なされる様相を示すこともあった。永遠の死に至る罪に対する赦しを得るためには、悔い改めの秘跡において罪を告白（告解）することが必要であった。ルターは、救いの確かさを得るために、すべての罪を告白するよう努力した。そのあげく、ある時には六時間も告白を続けたこともあったという（WA 15, 489, 3）。また、「子どもの頃から行ったことをすべて話し、ついには修道院の指導者から叱られた」こともあったという（WATr 1, 200, 30 – 201, 1）。中世の神学は、「あなたにできるかぎりのことをすれば、神は恵みを与えられる」、と教えていた。しかし、ルターは、「できるかぎり」という曖昧さではなく、絶対的な確かさを求めた。根源的な罪の意識と絶対的な救いの確信を求める魂の叫び、その実存的な関心が、一人の修道士を宗教改革者へと導くことになる。

ただし、これまで常に過敏不安な状態に置かれていたかのように描かれることもあったルター像は、彼の修道生活の全体像を視野に入れることを通して、相対化される。ルターは、一方で、教会が救いを媒介し、特に修道院の内側で修道士としてより確かな救いを獲得できるという教えを信頼していた。しかし、他方で、彼の内的な不安が、根源的に解消されることはなかった。

テュービンゲン大学の神学部教授レッピンは、修道士ルターの中にも、両親から与えられた上昇志向メンタリティが見られ、その成功が、法学という道ではなく、修道士と大学において実現していると指摘している。確かにルターは、司祭叙階後、ヴィッテンベルクに移動してからは、修道院副院長や大学の教授となるキャリアを積みながら、多くの課題に取り組んでいた。忙しさのため、聖務日課を中断することなく終えることが稀なほどであったとルター自身が証言している。ルターは、四六時中、過敏におびえ、常に絶望のどん底にあり、そこから突然に引き上げられ、宗教改革者となったというのではなかった。むしろ、絶望と希望、信頼と不安の中を、行き来しつつ、その神学的認識を深め、克服すべき問題を明確にしていったと考えられる。そのような発展の途上にあったルターは、修道院において、将来彼が宗教改革的認識に至るためにとても重要な出会いをした。

その一つは、ルターが生涯、尊敬しつづけた恩師、ヨハン・フォン・シュタウピッツ（一四六九頃―一五二四年）との出会いであった。シュタウピッツは、当時、修道会総長代理であり、早くからルターの才能を見出し、ルターに神学を学ぶ機会と大学での地位を与え、宗教改革者として活躍できる地盤を備えた。シュタウピッツは、生涯、教皇の教会の枠組みから出ることはなかったが、アウグスティヌス的な予定の教説に基づく神の愛と恵みの絶対性、そしてキリストとの神秘主義的・直接的な関係性の強調は、後のルターの宗教改革的な義認神学に対する強い親和性を示していることが指摘されている。ルターが、キリストを裁き主として恐れ、深い自己不信に陥っているときに、シュタウピッツが、救いをもたらす受難のキリストをルターに指し示した。一五三三年の回想で、「私は、すべてのことを、私に機会を与えてくださったシュタウピッツ博士から得ました」（WATr 1, 80, 6－7）、あるいは、「シュタウピッツ先生が、キリストと呼ばれるあの方を見つめなければならない、と言って、その教えをはじめたのだ」（WATr 1, 245, 11－12）と述べている。また、晩年においても、ルターは、シュタウピッツの霊的な指導に敬意を表すことを惜しまなかった。一五四五年の手紙では次のように述べている。「シュタウピッツ博士を私は賞賛しなければならない。（中略）彼が、この教えにおける最初の私の父であり、〔私を〕キリストにおいて生み出したのである」

グリューネヴァルト「イーゼンハイムの祭壇画」部分
（1511 － 1515 年）

(WABr 11, 67, 7－8)。シュタウピッツによって神秘主義的な香りをともないつつ示された、救いをもたらす受難のキリストに対する敬虔は、ルターという人格を通して、そして、特にルターの聖書との出会いを通して、中世的な神学の枠組みを突破し、「キリストのみ」、「信仰のみ」をスローガンとする新しい神学へと発展することになる。

修道制との別れ

一五一一年以降、ヴィッテンベルクに移動した修道士ルターが、聖書との取り組みを通して、どのようにして宗教改革者となっていったのかについては、次章で見るとして、ここでは、時間的に先回りし、ルターが後に修道士という地位を棄て去った経過に注目したい。なぜなら、そこから、宗教改革の伝統にある教会が修道制とどのように向き合っていくべきか、改めて考える機会を与えられるように思われるからである。その際、特に興味深いことは、ショイフェレが指摘しているように、ルターが修道制と「二重の別れ」を経験したということである。

修道制との最初の別れは、一五二一年のヴァルトブルク滞在中に書かれた著作、『修道士の誓願について』を通して行われた。当時、ヴィッテンベルクで進行しつつある、なお不安定な改革運動を遠目から見ていたルターは、この問題について早急に自分の立場を示す必要性を感じ、わずか一〇日でこの文章を書き上げている。この著作が宗教改革陣営の反修道制の思想的基盤となり、ついには修道制が解体されることになる。

ルターは、本著作の中で修道誓願を、神のことば、信仰、福音の自由、神の掟、理性に反する、という五つの独立した観点から徹底的に批判している。ルターにとって、「第二の洗礼」と見なされた修道誓願は、洗礼を通してすべてのキリスト教徒に平等に与えられているキリストの恵みと福音の自由を否定し、信仰による義認の教えを脅かすものであった。それゆえ、ルターは、次のように主張している。「すべての修道士をその誓願から解放し、彼らの誓願は神の前で斥《しりぞ》けられ、無効であることを確信をもって宣言しようと思う」（WA 8, 597, 2－4）。しかし、ルターは、このような宣言によって、修道院を強制的に廃止することを考えているのでは決してなかった。同じ著作の最後で、ルターは、修道院を立ち去ろうと考える修道士たちのために、次のように勧めている。

「どうか、事の目新しさに引かれたり、ただ人を蔑み、憎むがゆえに、これを試みたりするのでないかどうか、すべてに先立って、自分の良心を試すように」（WA 8, 699, 6－8）

アウグスティヌス隠修士会からも、多くの修道士たちが修道院の建物を去っていった時期のことである。ルター自身はどうしたのか。ルターは、ヴァルトブルクからヴィッテンベルクに戻った後、再び修道院の建物に戻り、その後、生涯をそこで過ごすことになる。ただし、一五〇六年から二一年までの一五年間は、従来の修道制に基づく誓願を立てた修道士として過ごしたのに対して、一五二一年から二五年までの四年間は、教皇の教会や修道会の長への従順から自由なプロテスタント的理解に基づいた修道士として生活をしていた。そして、一五二五年六月二十七日に、ルターは、元修道女のカタリーナ・フォン・ボラと結婚し、清貧と貞潔の生活を離れることになった。

注目されることは、ルターが、従来の誓願とは異なる宗教改革的な信仰に基づく誓願について、次のように語っていることである。

「ご覧ください、神様、私があなたに対してこのような生き方を誓願するのは、これが義と救い、あるいは罪の贖罪《しょくざい》に至る道であると考えたからではありません。〔中略〕私はこのような形の生活をして、私の身体を訓練し、隣人に仕え、あなたの言葉を黙想しようと思っています。それはちょうど他の人が農作業や手工業に取り組み、各自が自分の訓練や営みを、功績や義認への期待なしに行うのと同様です」(WA 8, 604, 10f. 19–22)

さらに、別の箇所で福音に基づく誓願は、「よいと思えるときには、変えることができる」、つまり「取り消す自由」を含む、強制を伴わない自由な誓願でなければならないと述べている(WA 8, 614, 12–14)。ルターが、そのような新しい誓願を立てたかどうかは定かではないが、この著作を執筆している時点で、これまでとは異なる仕方で修道士を生きていることを自覚していることは次の言葉からも明らかとなる。

「それゆえ私は修道士ですが、修道士ではありません。新しい被造物、それも教皇のではなく、キリストの新しい被造物なのです」(WA 8, 575, 28–29)

　この文章の前半の矛盾した自己理解を通して、外的には同様の生活スタイルであったとしても、内的には全く異なる実存的状況で修道士を生きていることが表明されている。つまり、教皇への服従から解放され、キリストへの信仰によって与えられた福音の自由に基づき、かつ洗礼を受けたすべてのキリスト教徒と同じ恵みと全信仰者祭司性において、キリスト教的生活の選択肢の一つである修道士としての生活を実践しているということである。ルターは、自分がなお修道士として生活していることを自覚しているからこそ、このような新しい解釈を対外的に示す必要性を感じたのであろう。ルターにとって、従来の修道誓願は誤ったものとして排斥される必要があるが、その際、そこから一つの新しい強制、福音に対する律法が生じるならば、それもまた同じ誤りの繰り返しと見なされる。それゆえ、ルターにとって、修道士を続けることも、やめることも、強制されて行うべきことではなく、各自が良心に基づいた自由な決断を行うことが大切であった。そのような意味で、「修道士ではない修道士」を生きることは、ルターの信じる福音の自由を生きることの実践として理解することができる。

　ルターのアウグスティヌス隠修士としての署名は、一五二一年九月十七日付けの手紙が最後となる（WABr 2, 392, 36 – 37）。『修道士の誓願について』を執筆したのが十一月であったから、この著作と時を同じくして、ルターの自己理解とその態度に、具体的な変化が起こっていることを見ることができるであろう。アウグスティヌス隠修士会のザクセン改革団では、一五二二年一月の総会で、修道士たちを誓願の束縛から解くこと、そして、修道院にとどまるかどうかは各自の自由に任されることが決定されている。

　『修道士の誓願について』を執筆してから三年後、一五二四年十月九日の礼拝の説教壇に、ルターは修道服を着ずに現れた。一週間後の十六日の日曜日の早朝礼拝には、再び修道服を着用し、同日の次の礼拝では、世俗的な服で現れている。すでに同年五月に、ルターは、修道服を脱ぐ決心についてシュトラースブルクの宗教改革者ヴォルフガング・カピト（一四七八―一五四一年）に伝えていた（WABr 3, 299, 23–25）。約二〇年もの間、着用してきた修道服を脱ぎ捨てることは、おそらく容易ではなかったであろう。

一五二一年五月に最初の司祭の結婚式が行われた後、ルターの周辺では、司祭や修道士たちが次々に結婚していった。しかし、ルター自身が結婚したのは、一五二五年になってからのことであった。二〇年前の七月に、父親が計画していた結婚の計画に反して修道士になったルターにとって、個人的にもこの決断は深い意味をもっていたと思われる。結婚の決断によって、ルターは、修道士的生活に最終的に別れを告げた。ただし、選帝侯から、ヴィッテンベルクの修道院を生活の場として与えられ、生涯そこを生活の基盤としたのであった。エアフルトの修道院に残った最後の修道士が亡くなったのは一五五六年、一五七二年にはザクセン改革団の最後の修道院が廃止され、アウグスティヌス隠修士会修道士によるプロテスタント的修道制の試みは、ここに一度、終焉を迎える。

現代への問いかけ――プロテスタンティズムと修道制について

自由な誓願

ルターの修道士としての歩みと修道制からの別れを丁寧に見ていくと、彼の意図した宗教改革が、単純に「反修道制的」な性格をもつものではなかったことが分かる。ルターにとっては、外的な生活様式よりも、むしろ内的な信仰、良心の自由の確保が主要な問題であった。ルターは、修道士の誓願を一般信徒から区別される第二の洗礼と捉える理解や修道生活の功績主義的な理解を否定した。この否定は、ルターが救いを求めて修道士になった動機の宗教的な根拠を否定することを意味した。そのような理解と結びついた修道制に、ルターは反対する。

しかし、ルターは、功績主義的期待なしに、身体を訓練し、隣人に仕え、神のことばを黙想するために立てられた自由な誓願の可能性を否定してはいない。その誓願を終生続くものと見なすのか、それとも人生の一時期の営みと見なすのか、それもまた、最終的には、誓願を立てる人自身の良心の自由に照らして判断されるべきことであろう。そのように言うと、誓願は客観的な拘束力を失うことになり、共同体の秩序や結束力が、個々人の主観的判断によって不安定なものになるということが危惧されるかもしれない。それだからこそ、ルター自身が勧告しているように、各自で自分の良心をよく試してから、判断することが必要であり、神と人とに仕えるために、責任ある行動を取ることが求められる。

クラナッハ「修道服のルター」（1546年）。修道服を着ているが、剃髪はしていない

人生のもう一つの選択肢としての修道制

修道制は、古代教会の時代より、今日に至るまで、固定化したように見える人間の社会に、もう一つ別の選択肢を提供してきた。特に女性たちに、家庭における妻や母親としての人生とは異なる選択肢と社会的地位を提供してきた。『修道士の誓願について』を書いた時のルターは、神に仕えるためのより多くの自由と時間が可能に

なることを理由に、女性が独身にとどまることをまだ積極的に語っている（WA 8, 611, 25－612, 2）。ただし、テモテへの手紙一3章2節、テトスへの手紙1章6節に基づき、司祭の結婚の正当性を主張し（WA 6, 440, 15－441, 21）、後に、自分の良心を精査しつつ修道士であることをやめ、結婚の決心をしている。ルターは、身体の禁欲的訓練についてしばしば積極的に語ってはいるが、結婚生活を非禁欲的であると見なし、独身生活がそれに対抗する禁欲的な生き方であり、より高い宗教的な価値をもつとは考えていない。結婚するにしても、独身生活を選ぶにしても、キリスト教徒は、神と隣人に奉仕するという目的に向かっており、同じ霊的な生に参与し、その生活様式の違いから、宗教的な優劣の差が生じることはないとした。ただし、時間が経つにつれて、ルターは、結婚を神の創造の秩序として積極的に語るようになり、宗教改革が進展するに伴い修道院も廃止されていった。それは、ルターが生きた時代の要請に基づく歴史的展開であった。

プロテスタント的修道共同体での経験

宗教改革から五〇〇年が経った今日、修道制を否定し、それを解体してはじまったはずのプロテスタント諸教会の中に、伝統的な修道規則にしたがって生活を営む共同体が誕生している。近年の研究は、修道的共同体に一時的に滞在することを求める若い人々を惹きつけているのは、単純素朴な祈りと労働を焦点とする、日常が霊的に形態化される経験であることを示している。

著者自身も、しばしば訪れた、ドイツのヘッセン州にあるイムスハウゼンというプロテスタントの修道共同体で、多くの訪問者と出会い、同様の印象を受けた。修道誓願を立てたブラザーやシスターの存在は、誓願を通してしか与えられない特別な霊的価値としてではなく、全信仰者祭司性の一つの具体的な表現として経験される。この経験が、イムスハウゼンを訪れる一人ひとりの霊的価値とその可能性への気づきにつながっていた。そしてだれもが、祈りと労働の生活の中で、その人に相応しい役割を見出し、信仰義認に基づく平等性と尊厳を生き生きと経験していた。現代社会の中で存在の価値や意味の喪失を経験している人々が、修道的な生活と行為に参与することを通して、自己と世界の中に経験可能な宗教的価値を再発見するということが起こっていたように思う。

宗教改革的プロフィールを核とする

二〇一六年四月二十三日に東京で開催された日独教会協議会で、かつてドイツ福音主義教会を代表する常議員会議長を務め、二〇一七年に向けて宗教改革大使に任命されたマルゴット・ケースマンが講演を行った。彼女は、あるアンケート調査によれば、ヨーロッパにおいて再び多くの人々が宗教を求め、特に体験や実践が伴った宗教、経験可能な信仰に関心が向けられていると述べていた。

同時に、多くの人々が宗教的な求めに対する答えを「頭でっかち」なプロテスタント教会の中に見つけることはできないと思っているということが指摘された。ケースマン自身は、ルターは多くの賛美歌や祈りの言葉を残した霊性豊かな人物であり、プロテスタント教会が、巡礼や修道院での滞在、黙想セミナーに参加できる機会を提供できる用意があることは良いことであると考え、今日の教会の新しい試みを肯定的に眺めていた。重要なことは、いつも「キリストのみ」「恵みのみ」「聖書のみ」「信仰のみ」という宗教改革的なプロフィールが分かるようになっていることであるとケースマンは指摘している。

修道制の伝統によって守られてきた単純素朴な祈りと労働の形式を通して、信仰義認における神との垂直的で直接的な関係の次元を自己自身の内に回復することを経験するのであれば、その形式は宗教改革的な目的に仕えるものと言える。

ルターの祈りの霊性

最後に、ルター自身が、どのようにして修道院の外にある日常生活の中に、宗教改革的な霊性が経験できる場を作ろうと試みていたのか、一例をあげてみたい。

ルターは、修道士として生きていたときも、また修道士をやめたときも、祈りを大切にする宗教者であり続けた。ケースマンも講演の中で紹介していたが、ルターは『小教理問答書』の中で、次のような朝の祈りで一日を始めることを勧めている。

「朝起きたら、聖なる十字の印で祝福し、次のように言うことができます。神と子と聖霊のみ名によって、アーメン。

次に、ひざまずくか立つかして、使徒信条と主の祈りを唱え、望む場合には、それに加えて次のように祈ることができます。

天にいます父よ、あなたがこの夜も、私をあらゆる害を与えるものや危険から守ってくださったことを、あなたの愛する子、イエス・キリストによって、感謝します。そして、今日一日、罪とあらゆる悪から私を守り、私のすべての行いと生活があなたのみ心に適いますように。なぜなら、私は身も魂も、すべてをあなたのみ手に委ねるからです。あなたの聖なるみ使いが私と共にいて、悪い敵が私に何の力ももてないようにしてください。

その後、喜びに満ちて仕事へと行き、十戒あるいは何かあなたの祈りから導かれる賛美歌を歌いなさい」

(WA 30/I, 392, 6 – 394, 7)

この後に夕べの祈りがつづき、ルターが、神の手から受け取り、神の手に戻すという仕方で一日を構成していることが分かる。ミュンヘン大学で宗教教育学を教えたハンス゠ユルゲン・フラースが、ある講演の中で、「実践を欠く信仰は不毛となる」と語っていたことが思い出される。ルターによる修道制の解体は、宗教的実践それ自体の否定ではなかった。

十六世紀の宗教改革は、神への徹底した信頼に基づいて、有限な自己と世界への自由な関わりを回復するために、一度は修道制から抜け出さなければならなかった。その代わりに、修道院の外で、新しい自由な祈りの実践が試みられた。しかし、現代の少なからぬ人々が、日常の社会的関係から自由な、修道的共同体の中に、ルターの祈りが示す信頼の態度が回復される場所を求めている。それは、ルターが十六世紀の修道制の中に見た、人間を恐怖と不安で支配し、究極的な存在の根拠（救い）を有限なものによって獲得することへと強制する力が、今日、修道院の壁の外にある世俗社会の制度の中で、それほど強く経験されていることを示しているのかもしれない。そうであるならば、ルターが取り組んだ問題の本質をしっかりと捉えることが、現代社会における宗教改革的な課題に取り組むために、いま必要とされる。

歴史探訪——エアフルトのアウグスティヌス隠修士会

エアフルトをはじめルターの活躍した地域の多くは、一九九〇年の東西ドイツ統一まで、旧東ドイツに存在した。統一から五年後にエアフルトの街を訪れたときには、新しい道路が舗装されはじめていたものの、あまり手入れがいき届いていない古びた街並みが、あちこちに見られ、有名なクレーマー橋を除けば、どこか暗い雰囲気が漂っていた。しかし、あれから約二〇年経った、二〇一四年に再訪したエアフルトの街は、古い建物が修復され、近代的な装いも加わり、見違えるような輝きを取り戻していた。

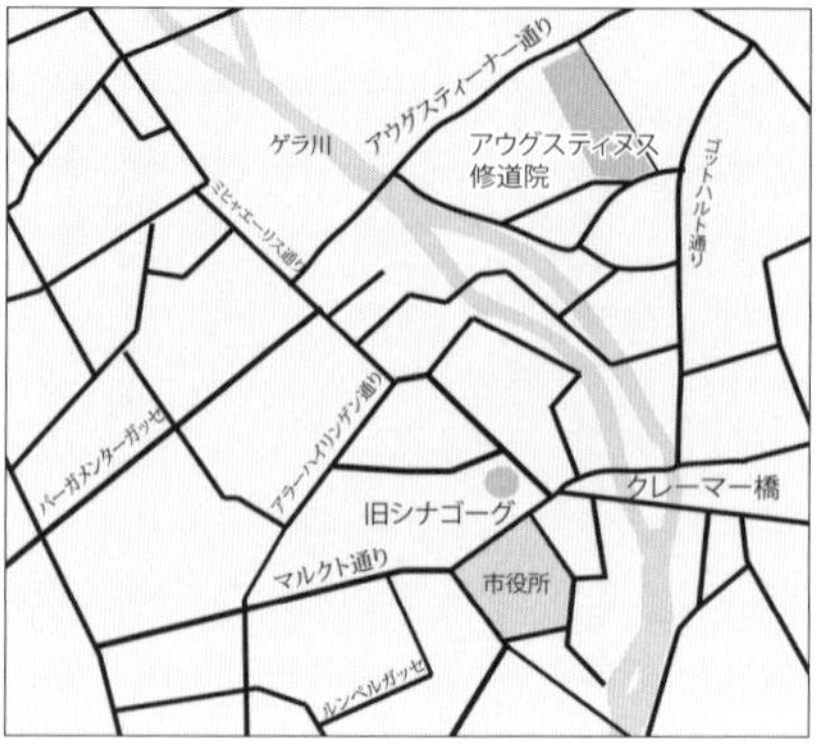

エアフルト

ルターに因んだ場所と言えば、もちろんアウグスティーナー通り十番地にあるアウグスティヌス修道院である。礼拝堂は自由に見学できるが、修道院の内部とルターに関する展示を見学するためには、定時に開催されるガイドツアーに参加する必要がある。

改築、落雷、戦災の影響で、ルター時代から残っているものはごく僅かなものに限られているが、礼拝堂の中の墓碑やステンドグラスの一部に、中世以来のものが残っている。

祭壇の前の床には、エアフルト大学教授をつとめたヨハネス・ツァハリエーの墓碑がある。彼は一四一五年、コンスタンツ公会議でボヘミアの改革者ヤン・フスを異端として処罰することに貢献した。ルターは、修道誓願の際、この墓碑の上に十字になって伏し、修道会の精神への服従を表明している。焚刑にされたフスは、「今日はガチョウを焼くことができても、私の灰から一〇〇年後には、もはや焼くことのできない白鳥が現れる」、という予言の言葉を語ったと言い伝えられている。チェコ語の「フス」が、ガチョウを意味していることに因んでいる。そして、この白鳥は、ルターのこととして理解されるようになった。そのため、フスはガチョウとして、ルターは白鳥として象徴的に描かれることがある。

正面左側のステンドグラスは、「ライオンとオウムの窓」と呼ばれており、二匹のライオンに挟まれた白い薔薇は、ルターの薔薇の紋章のモデルとなったものではないかと言われている。また、ツァーの中で入ることができる回廊には、ルターが沈黙しながら歩いた当時の石床がまだ残っている。

展示室では、ルターが着ていた僧服や、彼が過ごしたと言われる

ヨハネス・ツァハリエーの墓碑

現在のアウグスティヌス修道院

「ライオンとオウムの窓」部分

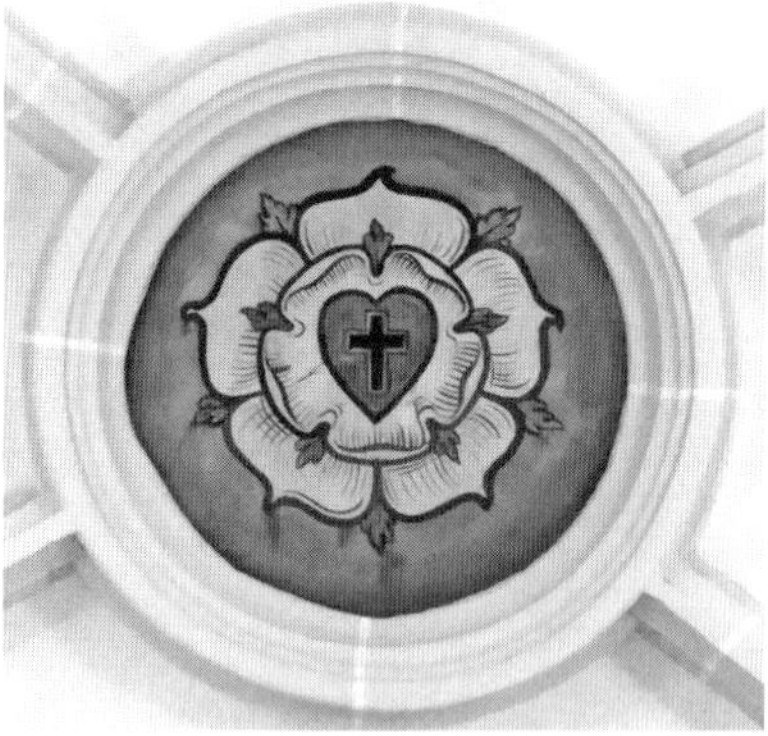

ルターの薔薇の紋章

僧房の一角を見ることができる。ただし、展示はあくまで一例である。数多く存在する僧房は、祈りや読書などが行われた場所であり、ルターがそこに住んでいたということではない。当時は、現在展示会場となっている床の上に、他の修道士たちと一緒に雑魚寝していたらしい。

展示会場の奥には一六四六年に設置された中部ドイツ福音主義教会エアフルト教区の図書館があり、史料として残されているルターの書いた直筆の手紙の中で、最も古い手紙をはじめ、宗教改革時代に由来する多くの書物を収蔵している。この図書館の定款には、エアフルトの牧師が、就任の際と引退の際に、それぞれ一冊の本を必ずこの図書館に寄贈することが義務づけられている。こうして、ルター自身が享受した修道院と学びの伝統が今日に至るまで守られている。事前に図書館員に申請することで、図書館内を見ることや、利用することも可能である。

修道院の敷地内には、一般の人も利用可能で、他のホテルと同様に出入り自由な宿泊施設もある。歴史的な場所に宿泊し、修道士となった若きルターの悩みや当時の修道生活に思いを馳せるならば、自らもまた深い内面の世界への旅に導かれることであろう。

第3章
神のことばとの出会い
【ヴィッテンベルク】

神のことばとの出会い

宗教改革の発端に、神学の土台を、キリストを証言する聖書のことばに徹底的に求めたルターによる「神学の根本に関わる改革」（ブレヒト）があった。神学の基礎資料としての「聖書のみ」、資料を読み解く聖書解釈の規準となる「キリストのみ」。このような仕方での聖書との取り組みを土台として、ルターは、「恵みのみ」の約束のことばに対する究極的な態度としての「信仰のみ」が求められる信仰義認の教えを聖書の中心的使信として発見した。そして教会と社会の改革は、この神学的思想を核にして実践されることになった。ルターの思想と実践は、彼個人に独自な仕方での聖書との出会いを通して形成され、発展したものであるが、その取り組みが宗教改革的・世界史的出来事となるために、彼を取り巻く特別な環境が重要な意味をもっていたことも忘れてはならない。それゆえ、歴史が動く要因としての個人の思想とそれを取り巻く環境を合わせて理解することが必要となる。

聖書との出会い

ルターが聖書を初めて手にしたのは、おそらくエアフルト大学に入学してからのことであった。それまでは、教会や学校などでしばしば使用された説教集の中に出てくる聖書箇所や詩編ぐらいしか知らなかった。これは、ルターに限らず、当時の人々に共通した経験である。現代の私たちが本屋に立ち寄って、気軽に聖書を手にして読むというようなことは、全く普通ではなく、人々と書物としての聖書の間には大きな距離が存在していた時代であった。

大学というエリート教育の場に、魂の安寧を見出すことができなかったルターは、当時の社会においてオルタナティブな生き方として確固たる地位をもっていた修道院の門をくぐった。しかし、修道院への入会は、ルターの魂の渇きが癒される真の場所を探し求める旅の第一歩であり、彼は魂の平安を求めて、日々、修道生活を熱心に実践したのである。この修道生活を通して、ルターは、そこに前提とされる宗教性の問題に気づき、最終的には、彼を死の恐怖の不安から解放する真の源である聖書の福音に出会っていくことになる。前章で見てきた修道誓願の功績主義的な理解、それに対するルターの徹底的な批判によって、宗教改革の教会において修道制は解体されていった。しかし、修道院の中で守られてきた聖書を読む伝統と良き師との出会いが、ルターの魂に乳と蜜の流れる場所を示してくれた。

ルターが聖書の朗読をはじめたのは、彼が修道院に入った一五〇五年以降のことである。修道士はたくさんいたが、聖書朗読に対する熱心さにおいてルターは際立っており、それが恩師シュタウピッツの目にとまったことが、その後のルターの歩みに大きな意味をもっている。アウグスティヌス隠修士会総長代理であり、ヴィッテンベルク大学の神学教授職についていたシュタウピッツは、修道院における聖書の学びを促し、才能ある人材には大学における神学教育の機会を与えた。シュタウピッツは、裁き主キリストの前で恐れ慄《おのの》いていたルターの目を受難のキリストへと向けさせ、その神学的発展に重要な影響を与えた人物である。さらに、シュタウピッツが、一五一三年に、大学設立当初から自分が担当していた神学教授職をルターに譲り渡したことは、以下に見るように、歴史的に重要な意味をもっている。

中世神学教育において、聖書や教父たちのテキストを教義学的観点から整理したペトルス・ロンバルドゥス

（一〇九五頃―一一六〇年）による『神学命題論集』が最も重要な教材であり、スコラ神学者たちによってその注釈書が書かれている。ルターもこの教材を扱う神学命題論集学士の学位を得ているが、ヴィッテンベルク大学の教授職を得てからは、聖書の講義のみを行っている。ルターがすでにこの時期に、聖書をとても重視していたことが見てとれる。さらに、ルターは、大学の講義に加え、ほぼ同じ時期に市の教区教会である聖マリエン教会での説教も担当することになった。

八年前に修道院の壁の中で過ごすことを決心した一人の修道士は、いまや大学の講壇と教会の説教壇に定期的に立ち、彼が聖書から汲み出した神学的認識とメッセージを公の場所で語る人物となっていた。こうして、後に宗教改革者として活躍し、影響を与え得る用意が、制度的にも整えられていったのである。

ルターの影響を可能にした政治的背景

ルターが宗教改革者として活躍することができた歴史的要因の中でも見過ごすことができない重要な出来事の一つは、ルターがエアフルトからヴィッテンベルクに移動してきたことにある。都市の規模からすれば、ルターの時代に商業的に繁栄し、すでに二万人を超える住民がいた大都市エアフルトに対して、ヴィッテンベルクには約二〇〇〇から二五〇〇人程度の住人しかいなかった。エアフルトには、ヴィッテンベルク大学が一五〇二年に創設される一〇〇年以上前の一三八九年に、すでに大学が設置されていた。また、藍染の染料の生産と商取引の中心地として、経済的な富を享受していた。それにもかかわらず、宗教改革が世界史的影響を及ぼす出来事となるためには、ルターが、大都市エアフルトではなく、小さな都市ではあったものの、ザクセン選帝侯領の主要都市であったヴィッテンベルクにやって来たことが決定的に重要な意味をもっていた。なぜなら、ザクセン選帝侯領こそが、当時のドイツの領邦の中でも政治的に最も強大で重要な領邦だったからである。

ドイツの諸領邦は、それぞれが一つの絶対王政的な国家の性格を形成しつつあり、領邦君主の意に反して、政治的・宗教的措置をとることはもはやできなかった。諸領邦の境界線を越えた支配権を求める神聖ローマ皇帝やローマ教皇でさえ、そう簡単に手出しができるものではなかった。むしろ、緊張関係にあった両者の政治的関心は、ザクセン選帝侯フリードリヒ三世（一四六三―一五二五年）を味方につけることに向けられていた。後の歴史的経過の中で明らかな仕方で現れる宗教改革と領邦国家が密接に結びつく政治的枠組みは、ルターがヴィッテンベルク大学で講義をはじめたときには、すでに準備されていた（ブレヒト）。

ドイツにおけるルター主義の宗教改革が領邦国家的な枠組みの中で成功を収めることができたように、スイスの宗教改革は、会議制をとる諸都市の政治的基盤の上でその勢力を拡大することが可能であった。このように、宗教改革という歴史的事件を理解するためには、それらを成功へと導いた多様な歴史的・政治的文脈を理解する必要がある。

以上のように様々な外的要因が決定的に重要であったとしても、ルターの人格と思想による功績抜きに宗教改革について語ることができないことは、言うまでもないことである。

ルターの聖書講義と宗教改革的転回

ルターのヴィッテンベルク大学での最初の取り組みは、聖書の講義であった。それは、詩編（「第一回詩編講義」、一五一三―一四年）、ローマの信徒への手紙（一五一五―一六年）、ガラテヤの信徒への手紙（一五一六―一七年）、ヘブライ人への手紙（一五一七―一八年）、詩編（「第二回詩編講義」、一五一八―二一年）という順で行われた。この間に、ルターが、一般的に「宗教改革的発見」あるいは「転回」と呼ばれる思想的発展を経験したと考えられているが、特定の日付を推定できるような史料があるわけではない。最も重要なルター自身による回想は、一五四五年の『ラテン語著作集全集第一巻』に寄せた序文である。その中で、ルターは、それまで能動的な意味で理解していた聖書の「神の義」という言葉が、実は受動的な意味で理解されるべきものであることに気がついた、と述べている。

能動的な義を、ルターは、神が「罪人を罰する」義と説明している。すなわち、正しい人には報酬を、正しくない人には罰を配分する応報的な公正さに基づき、最後の審判を最終の定位点として、裁きを通してその義を示す神の義のことである。このような神の義の理解のもとで、罪は道徳的に理解されている。ルターは、そのような罪の意識から、修道院の厳しい規則を徹底して守る生活を試みた。しかし、神の義へと近づくためのあらゆる徹底した努力にもかかわらず、不安が解消されることも、魂が救いの確信へと解放されることもなかったことは、一五四五年の回想の中でも述べられている。

「私は非難の余地のない修道士として生活をしていたにもかかわらず、神の前には極度に不安な良心をもつ罪人であると感じた。そして神が私の罪の償いによってなだめられるという確信がもてなかった。同様に私はこの義にしてかつ罪人を罰する神を好むどころか、かえって嫌っていた。（中略）そして次のように言った。『（中略）神は福音によってさらに私たちに神の義と怒りとを向けなければならないのか』と」（WA 54, 185, 21 – 28）

しかし、ルターは諦めず、聖書を読み、問い続け、そして、あるとき、神の義の新しい、聖書的な意味に気づき、魂がそれまでの苦しみから解放される経験をする。

「私は良心が動揺し混乱し、無我夢中であった。それでも、私はここ〔ローマ１・17〕で聖パウロが何を言おうと欲しているのかを知りたいと熱心に願い、パウロを懸命に探求した。ついに神は私をあわれんでくださった。（中略）私は、神の義がここでは義人が神の賜物により、つまり信仰によって生きるさいの、その義であり、福音により神の義が啓示されているという、この言葉が明らかに受動的であって、それによって神はあわれみをもって信仰により私たちを義とすると、理解しはじめた。（中略）このとき私はまったく生まれ変わったような心地であった。そして私は広く開かれた門から天国そのものに入ったように思った」

（WA 54, 185, 28 – 186, 9）

神が罪人を罰する義ではなく、神から賜物として罪人に与えられる義。賜物として、ということは、罪人の罪にもかかわらず、無条件に与えられることを意味している。そこでは、もはや道徳的次元で考えられた罪に対する応報的な義の枠組みとは全く異なる仕方で、神の義と人間の罪、そして両者の関係が理解されている。では、それはどのような仕方での理解であったのであろうか。これを明らかにするためには、ルターが罪をどのように理解していたのかを知る必要がある。

ルターにとっての罪の問題とは、個々の行為の根本にある原罪の問題であった。ルターは、ローマの信徒への手紙5章4節への講義ノートで、原罪を「自分自身へのねじ曲がり」（WA 56, 304, 25 – 26）と表現している。つまり、自己中心性（エゴイズム）という原罪の問題を人間が抱えている限り、個々の行為は、それがいかなる善い対象に向けられていたとしても、決して善い行為であることができない。なぜなら、原罪の呪縛が、人を「あらゆるもの、神でさえ、自分自身のために求める」（WA 56, 304, 29）ことへと駆り立てるからである。神を愛することや隣人を愛することといった、善い正しい行為を行う努力をしたとしても、自分の魂の救いのために他者を利用するエゴイスティックな欲望によって動機づけられている限り、それは神の前で自己を正当化できる善い行為であることには決してならない。逆に、ルターが言うところの能動的な義を目指し、推奨される善い行為に励み、正当化を求めれば求めるほど、人は、原罪の呪縛にますます囚われることになる。

ルターが取り組んだ原罪の問題は、その根源において、道徳的ではなく、人間学的な問題である。人間の逆説的な実存的状況、つまり、パウロがローマの信徒への手紙7章19節で、「わたしは自分の望む善は行わず、望まない悪を行っている」と言うところの人間の不思議を内容としていた。それゆえ、罪深い個々の行為のマイナスを善い行いのプラスによって穴埋めしたり、罰によって帳消しにしたりする問題解決の枠組みには収まりきらず、別の解決の道が必要とされていた。このような罪の問題の深化が、神の義の解釈をめぐる転回の重要な思想的基盤となっている。

「自分自身へとねじ曲がった」エゴイズムの呪縛から自由になれない人間の根源的な生の状況を自覚し、自分自身のいかなる行為によっても神へ到達することができない絶対的な壁の前で、出口なく絶望して立ち尽くす一人の修道士がそこにいる。それでも、ルターは出口を求めて聖書に取り組んだ。大学の講義や教会での説教といった公的な責任が、悩みの中で停滞するのではなく、未知なる新しい認識への発展を促す重要な契機となった。

求めよ、さらば与えられん。ついにルターは、神自らが、神と人間の間にある壁を突破して、神の恵みによって罪人を無条件に義と見なし、その関係性を回復される、という福音のメッセージを聞き取ったのである。神の側から関係性回復のための橋がすでに渡されており、人は、その恵みを受け入れる信仰によって応答すること、つまり、その赦しの架け橋を信仰によって喜んで渡ることが求められているだけである。キリストにおいて、裁きとしての義ではなく、神が赦し与える賜物としての義が示されていることが認識された。私たちの側から外へ正当化すべき能動的な義から、私たちの外から（extra nos）与えられる受動的な義へと、義の理解についての一八〇度の転回が起こった。ルターは、この受動的な義の認識の経験を、「まったく生まれ変わったような心地」、さらには「天国そのものに入ったよう」な経験と表現している。ここに、ルターのキリスト教徒としての自由の原体験が想起されている。そして、この一人の修道士の内的で知的な経験が、彼の時代に世界を新しい目で捉え、変革する精神的な土台を提供するものとなった。

「九十五か条の論題」

一五一七年十月三十一日、ヴィッテンベルク城教会の扉に「九十五か条の論題」（WA 1, 233 – 238）をハンマーで打ちつけるルターの姿は、宗教改革のはじまりを象徴する出来事として、これまで何度描かれてきたことであろうか。ハンマーを振りかざすルターの姿は、あたかもローマ・カトリック教会の権威と権力に堂々と対抗（プロテスト）するプロテスタント的英雄であるかのように描かれてきた。それは、教派的な色彩の濃い従来のプロテスタント的想起によって生み出されてきた神話的ルターの姿である。このルターのイメージを中心に、宗教改革は、一五一七年から一〇〇年毎に記念され、祝われてきた。また、毎年十月三十一日は、宗教改革記念日として全世界のプロテスタント教会で祝われている。

クラナッハ「ヴィッテンベルク城教会」（1509年）

ドイツでは、この出来事から五〇〇年を迎える二〇一七年に、宗教改革五〇〇年を記念する行事が計画されている。しかも、二〇〇七年からの一〇年間を「ルターの一〇年」とし、毎年テーマを設定し、展示会、講演会、セミナー等、様々なプログラムがドイツ各地で開催されている。

ただし、歴史的には、この日にルターが実際に論題を城教会の扉に打ちつけたかどうか、あるいは掲示したかどうか定かではない。確かなことは、マインツの大司教であり、選帝侯であったアルブレヒト・フォン・ブランデンブルク（一四九〇―一五四五年）に、ルターが、十月三十一日付けの手紙を送り、その手紙に「九十五か条の論題」を同封したということである。アルブレヒト・フォン・ブランデンブルクは、ヴィッテンベルクの教会が属するマクデブルク教区の大司教でもあった。

従来の大学での慣習に基づけば、ルターもまた、これまで思い描かれたようにはドラマチックでなかったとしても、彼の論題を大学関係者によって討論されるべきものとして、ヴィッテンベルク城教会の門に貼り出させたことは十分に推測されることでもある。その歴史的経緯はベールに覆われているとしても、重要なことは、ルターが、修道院の僧房やヴィッテンベルク大学の講義室を越え出た公の場所に、この論題を公表したということである。そして、この公表をきっかけに起こる論争が、一方で、ルター自身の神学的認識を発展させ、他方で、彼の周辺世界を巻き込み、後にヨーロッパを二分する論争を導くことになったということである。

ルターは、新しく形成しつつあった神学的認識に基づきながら、教会制度の一つである贖宥《しょくゆう》制度について批判的に検討されるべき問題を九五か条にまとめ、公の場に提出した。そして、この悔い改めと贖宥に関する論争が触媒的な機能を果たし、ルターの中で進展しつつある神学的認識が、現存する教会を根本的に批判し、改革していく宗教改革的認識となっていったのである（T・カウフマン）。すでに、この論題を公表する時点で、ルターの中に新しい神学的理解に対する強い自覚があったことは、彼がこの時期に名前をルダー（Luder）からルター（Luther）に変更している事実の中に見ることができる。このような名称変更は、当時の人文主義者たちが、名前をギリシア風に表記していた慣習に倣ったものである。しかし、注目されることは、ルターが、その際、ギリシア語で「自由な（人）」を意味するエレウテリウス（Eleutherius）という語からルターという名前を導き出していることである。残された史料の中で、「ルター」という署名が書かれている最も早い時期の手紙の一つが、「九十五か条の論題」を添えてマインツ大司教アルブレヒト宛てに書かれた手紙である。さらに、エレウテリウスという表記で署名した同年十一月十一日付けの手紙には、ラテン語で「修道士マルティヌス、自由人、しかもなおまったくの僕《しもべ》、そして捕らわれ人」(WABr 1, 122, 56: F. Martinus Eleutherius, imo dulos et captivus nimis) と記されている。この署名には、罪人であるが神によって義とされ、自由とされているという、ルターの新しい神学的認識に基づいた自己理解が込められていると言えよう。

ルターが公表した論題は、マインツ大司教を通してローマ教皇庁にも知られるところとなり、ルターに対する審問のプロセスが始まり、それは教会と神聖ローマ帝国内の権力を巻き込んだ政治的問題へと発展していくことになる。また、論題は、同じ年に複数の都市で印刷され、ドイツ語への翻訳も出回り、より広く公の場でルターとその神学的主張が読まれ、議論されていくことになった。さらに一五一八年には、民衆に向けて贖宥批判をドイツ語で説明した『贖宥と恩恵とについての説教』が出版された。この著作は、年内に一六種類の版が、ヴィッテンベルク、ライプツィヒ、ニュルンベルク、アウクスブルク、バーゼルといった、後にルターの数々の著作を世に送り出す諸都市で印刷され、一領邦都市の境界線をはるかに越えた反響を呼び起こした。それゆえ、この論題の公表が、ルターの神学的発展にとっての重要な契機であるだけでなく、世界史的出来事としての宗教改革にとって一つの重要な歴史的契機となったことは確実である。ルターの「九十五か条の論題」の発表によって、大きな変革の時代へと歴史が動き始めたのである。それでは、「九十五か条の論題」におけるルターの主張について概観してみたい。

悔い改めの秘跡と贖宥

いわゆる「九十五か条の論題」と呼ばれる論題のラテン語表題「贖宥の効力を明らかにするための討論」が示すとおり、ルターは、この論題を通して、討論を行うことを提案している。それゆえ、この論題を理解するためには、贖宥制度とその制度を含む悔い改めの秘跡の制度、またそこに前提とされた死生観についての一定の知識が必要とされる。そこで、第1章で扱ったテーマと重複する部分があるが、当時の教会の制度的枠組みと民衆の信心について確認しておきたいと思う。

中世ヨーロッパのキリスト教社会では、生まれて間もなく幼児洗礼を受けることが慣例であった。キリスト教の伝統的な理解によれば、だれもが原罪を負って生まれてくる。そこで洗礼の秘跡を通して義とされる恩寵を受けることが重要になる。なぜなら、洗礼によってはじめて罪のない無垢な状態でその生涯をはじめることができるからである。

しかし、人は繰り返し新たな罪を犯すという問題が残ってしまう。教会の「告解提要」が定める「永遠の死にいたる罪」は、高慢、物欲、色欲、嫉妬、怒り、貪欲、怠慢の七つの大罪に分類され、心の中の同意であっても罪と見なされる。そうであるとするならば、だれがこれらの罪からまったく自由であり得るだろうか。むしろ、人は、日々、繰り返し神に対する罪を犯し、それゆえ、繰り返し教会の秘跡による赦しが必要となる。そのための秘跡が「悔い改め（ゆるし）の秘跡」である。この秘跡は、大罪による洗礼の「恵みの喪失という難破の後に投じられる、〔救いの〕二枚目の板」（『カトリック教会のカテキズム』より）とも呼ばれた。一二一五年の第四ラテラノ公会議以来、少なくとも年に一度、すべての罪を司祭に告白し、罪に対する償いの行為を果たすことが義務づけられた。悔い改めの秘跡は、心の痛悔、罪の告白、償い、司祭による赦しの言葉、という四つの要素から成り立っている。実際には、罪の告白に続いて、司祭による赦しの宣言が行われ、その後で、償いの行為が指示されるようになった。

今日のカトリック教会で「ゆるしの秘跡」と呼ばれる悔い改めの秘跡には、悔い改めの行為としての償いが不可欠とされている。まず前提として、どのような罪も罰を受けなければならないという考えがある。この考え方それ自体は、今日の社会の刑法にも前提とされている。ただし、教会法においては、神に対する罪、そして内面的な罪をも罰の対象とするところに、その宗教的特徴がある。そして、ある罪が「永遠の死にいたる罪」であるならば、それには「永遠の罰」が課されることになる。悔い改めの秘跡は、まさにここで特別な意味をもつ。なぜなら、この秘跡によって、永遠の罰が時間的な罰に変えられるからである。この時間的な罰が償い(satisfactio＝充足、十分に行うの意)と呼ばれるものである。ここで時間的と言うとき、この世で生きている時間だけでなく、死後の煉獄《れんごく》における時間も含まれている。つまり、終末の時、最後の審判が行われるまでの期間が時間的な範囲として考えられている。この世で償いきれない罪責は、死後に煉獄の苦しみで償うことになる。それゆえ、悔い改めの秘跡を受けることは、地獄での永遠の罰を逃れるためにどうしても必要なことではあるが、それは同時に、時間的な罰を受けること、すなわち煉獄での償いが恐れの対象として意識されることを意味していた。なぜなら、煉獄での償いは、悪鬼に苛《さいな》まれ、燃えさかる炎に焼かれる劫罰《ごうばつ》的な苦しみのイメージで理解されていたからである。

地獄の刑罰が永続するのに対して、煉獄は、一定期間、この世で犯した罪を償い魂を浄化する、天国と地獄の中間地帯と考えられている。終末が到来し、最後の審判が行われる時、浄化された魂は天国へと招き入れられる。以上のような宗教的背景を視野に入れるとき、当時のヨーロッパのキリスト教徒にとって、魂の救いの確信なくこの世を去ることを意味した、突然の死ほど恐ろしいものはなかったということがよく理解されるであろう。

司祭は、罪を告白する信徒に、悔い改めの秘跡における償いとして、祈りや断食、そして施しの実践を指示した。罰をマイナスとすれば、それはプラスの償いの行為によって帳消しにされなければならないのであるが、たいていの場合、罰と償いの帳簿は、マイナスのほうが多く、そのような罰の債務は煉獄へと持ち越されることになる。しかし、宗教改革を迎える後期中世の時代には、キリスト、聖人、そしてマリアのあり余る功徳や善行によって、煉獄で受ける罰（償い）が免除され、煉獄の滞在期間の短縮が可能であることが説かれた。これらの功徳は「教会の財宝」と呼ばれ、教会の権限によって「贖宥」として配分することが可能であると考えられた。

このような理解を基盤として、悔い改めの制度の枠組みの中で、マイナスを帳消しにできるプラスの小切手としての「贖宥状」の制度が成立した。そして、人は死に直面して悔い改めの秘跡を受ける際に、購入した贖宥状を提示することで、十分な償いが認められ、魂に救いの慰めを与えられながらこの世を去ることが可能となったのである。さらに、贖宥状は、煉獄にいる親族の魂の救いに有効であるとさえ宣伝されていた。このように、煉獄の観念と贖宥制度は、この世に生きている者の自由裁量権を、死後の世界にまで拡大することを可能にする機能を果たしていた。この世に生きている私自身が、自分のそして自分の愛する者の魂と永遠の命の運命を保証することが可能であると考えられた。後に見るように、ルターの批判は、この点に楔《くさび》を打ち込むことになる。

ルター自身は、多くの人々が求めた贖宥状の購入によってではなく、むしろ、家族の反対を押し切り、修道誓願を立て、「非難の余地のない修道士としての生活」を通して、魂のより確かな救いを獲得することを試みた。それは、より困難な道であったが、贖宥が拠って立つ、同じ罪理解と救済理解を内容とする能動的な神の義の枠組みの中での努力であった。しかし、人間の罪の問題を根源的な原罪の問題として捉え、神の義を受動的な義と理解するとき、教会において実践されている贖宥の効力は、大いに疑問視される対象となった。ザクセン選帝侯領では、贖宥状販売が禁止されていたにもかかわらず、あるいはそれを理由としてか、人々は、選帝侯領の近辺にやってきた贖宥説教者のところへ贖宥状を買いに殺到したと言われている。それゆえ、ルターにとって、贖宥の効力をめぐる問題は、彼にとっての神学的な問題であると同時に、教会の説教者として地域の人々の魂の配慮に責任を持つ、牧会的な課題でもあった。こうして、諸聖徒の日である十一月一日の前日に、ルターは、贖宥の効力に関する「九十五か条の論題」を添えた手紙を、贖宥状販売の権限をもつマインツ大司教に送ったのである。

贖宥状を販売するドミニコ会の説教者テッツェル（16世紀）

メタノイアとしての悔い改め

私たちの主であり師であるイエス・キリストが、「悔い改めよ……」〔マタイ4・17〕と言ったとき、彼は信じる者の全生涯が悔い改めであることを望んだのである。（第一論題）

論題の解説として、一五一八年に書かれた『贖宥の効力についての討論の解説』の中で、ルターは、悔い改めという言葉をギリシア語で理解する必要があると主張している。当時の教会では、ラテン語訳聖書が標準とされていたが、ルターは、当時の人文主義の「源泉へ戻れ（ad fontes）」という精神を積極的に受け入れた。新約聖書を原典のギリシア語で読むことが、ラテン語訳に基づいて根拠づけられてきた教会の教説や制度を批判的に検証することへとつながり、宗教改革の重要な原動力となった。

悔い改めと訳されるギリシア語の「メタノイア」は、内的な心の転換を意味しており、キリスト教徒の全生涯がこの悔い改めであるとルターは主張している。なぜなら、悔い改めの課題は、宗教改革的転回との関連で見てきたように、生前には決して取り除くことができない根源的な原罪とそこに由来する罪責の克服にあるからである。ルターにとって罪の問題は、教会の秘跡の制度の中で、ある具体的な個々の罪に対して課された時間的罰（償い）を果たすことに限定されるものではなく（第二論題）、人間の自己中心性という根源的な問題と関わっていた。この自己中心的な人間が、繰り返し、それを自覚しつつ、外から与えられる恵みによる赦しと自由を信仰によって、実存的に経験しながら全生涯を生きることへの招きが悔い改めである。ルターは、もう一度、聖書に立ち返って、キリスト教徒のあるべき姿を問い直しているのであるが、それは、当時の人々の日常的な行動を規定していた、魂の救いに関わる宗教的な制度を根本から問い直す衝撃を孕んでいた。

贖宥の効力の限界

この論題において、ルターは贖宥制度それ自体を否定している訳ではない。ただし、その効力の範囲は、極めて限定されたものであることが以下の論題によって主張されている。

教皇は、自分自身または教会法が定めるところによって科した罰を除き、どのような罰をも赦免することを欲しないし、またできもしない。（第五論題）

悔い改めについての教会法は、生きている人にだけ課せられており、それによるならば、死に臨んでいる人には何も課せられてはならない。（第八論題）

贖宥の効力は、教会法が定める罰の赦免に限定され、対象も教会法の適用の範囲内にある人々、すなわちこの世に生きる生者に限定されるべきことが述べられている。教会的制度は死の境界線を越えた領域には有効ではなく、教皇の法的権限も当然、現世の領域に限定される。これらの主張は、神と人との和解に必要な根源的な罪の赦しと教会法が定める罰の赦しを質的に異なるものとして区別する視点から行われている。

ただし、教皇権をめぐる議論は、それ自体を問題にするためにではなく、あくまで贖宥が死を越えて煉獄まで効力をもち得るのかどうかという問題との関連で言及されるテーマにとどまっていた。当時、ルター自身は教会や教皇の権威を批判することを意図してはいなかった。それにもかかわらず、その主張の内容は近い将来起こり得る、教皇を頂点とした教会の権威をめぐる衝突の可能性を示唆している。

煉獄思想の変化

ルターの論題は、中世以来、人々の死生観に大きな影響を与えてきた煉獄思想の宗教的な意義を根本から問い直すものであった。『煉獄の誕生』の著者、ル・ゴッフ（一九二四―二〇一四年）は、現世の延長として理解されていた煉獄に、生者と死者の連帯という特徴、そして死後の世界に対する生者の――特に教会の――影響力の拡大という事態を観察している。それゆえ、人は死を通して、教会法の束縛から解放されるという主張は、贖宥制度を、生者と死者の連帯を可能にする制度として、あるいは死後の世界のあり方を自由に操作する越権行為を保証する制度として理解することを根本から否定するものであった。こうして、ルターの贖宥批判によって、生きている者の死後の世界に対する自由裁量権の拡大を可能にする精神的な装置としての煉獄は、その意味を失うことになった。

ここでルターは、特に「死に臨んでいる人」に注目している。なぜなら、そこにこそ、贖宥状が販売され、また購入される場があるからである。第1章で、「アルス・モリエンディ」やクラナッハによる「死に臨む人」の図像について見たことを思い出してもらいたい。当時の人々にとって、いかにして良い死を迎えることができるかが決定的に重要な問題であった。その枠組みを提供し、良い死を保証するものこそが、悔い改めの秘跡であり、また、贖宥制度であった。死に臨む人々の心は、死そのものだけでなく、死の境界線を越えてなお課されつづける罰と煉獄における苦しみを前に、大きな不安に苛まれていた。死に臨んでいる人々は、なおこの世で生きている人々に属しているが、ルターは、その人々の眼差しの先にある死後の魂に、贖宥が一切効力をもっていないことを主張しているのである。そして、死後の世界への越権行為が批判されるとき、もう一度、生の終わりにある死という問題が、真摯に受けとめられることになる。「九十五か条の論題」の時点で、ルターは、なお煉獄の存在そのものを否定してはいない。しかし、その位置づけは大きく変化していることを以下の論題の中に見ることができる。

死に臨んでいる人たちの不完全な信仰や愛は、必ず大きな恐れを伴う。そして愛が小さければ小さいほど、恐れは大きいということになるだろう。（第一四論題）

この恐れとおののきは（他のことはいわずとも）、それだけでも十分に煉獄の罰をなしている。なぜなら、それは絶望のおののきにもっとも近いからである。（第一五論題）

地獄、煉獄、天国が異なっているのは、絶望に近いこと、救いの確かさが異なっているのと同じように思われる。（第一六論題）

ルターは、第八論題と同様、死を目前にした人々の恐れについて語っている。信仰と愛の弱さに反比例して死の恐れは強くなる。そして、この死の恐れが、「それだけでも十分に煉獄の罰をなしている」と説明している。つまり、贖宥制度が、現世の教会法によって規定された罰とその苦しみを、死後の煉獄に持ち込もうとするのに対し、ルターは、現世における、いまここでの死の恐れの体験として説明することを試みている。ルターの理解する煉獄は、いまや贖宥制度から切り離され、その意味も経験の場も質的に変化している。実体的な理解から実存的な理解へ、煉獄の「非神話化」（ブレヒト）が行われている。

同様の思考が、煉獄に限らず、地獄と天国にも適用されている。中世的な死後の世界像を継承しているため、相変わらず地獄と煉獄とを区別して説明しているが、ルターが両者において考えていることは、死を目前にした人を襲う絶望という実存的体験である。そして、それに対照的な実存的態度としての救いの確かさによって天国が説明されている。

教会法が規定する罰の効力が生前に限定されるという主張は、元来、キリスト教徒は神の前で、罪責と罰を要求されているのであり、そのような罪責は神によってのみ赦されるという理解を前提としている。この罪責のゆえに、人は死の恐れ、裁きの恐れを経験するが、その赦しを得るために、さらなる付加的罰（教会法が定める時間的罰としての贖罪）が求められているのではない。そのような恐れそれ自体が、罪責に伴う罰であり、罪責を認め、悔い改めの重荷を生涯負い続けることが求められている。しかし、福音に基づく悔い改めは、それをキリストの十字架の福音の光の下で受けとめることが許されている。すなわち、自己の十分な償いの行為によって神の赦しを獲得しなければならないという考えから自由にされ、そのような無理な要求の前で生じる、あらゆる恐れと絶望からも解放されるのである。例えば、ルターは、第六二論題「教会の真の宝は、神の栄光と恵みとのもっとも聖なる福音である」に対する解説の中では、次のように述べている。

律法は私たちのもろもろの罪を示すが、それを取り去らないし、私たちも取り去ることはできない。したがって、すべての捕らわれた人、悲しむ人、および絶望した人に福音の光がおとずれて言う、「恐れるな」（イザヤ書35・4）（中略）「見よ、世の罪を取り除く神の小羊だ」（ヨハネ1・29）（中略）とある。罪人の良心がこの最も甘美な知らせを聞くとき、それは生き返り、踊りながら喜びの声を発し、全き信頼に満たされて、もはや死も、死に類する種々の罰も恐れず、地獄も恐れない。（WA 1, 616, 29 – 37）

さらに、先行する第七論題への解説においては、この解放の出来事が、自己の行為によってではなく、信仰によって起こることが明言されている。

それゆえ、私たちは行為によってでもなく、悔い改め〔の秘跡〕によってでもなく、あるいは告白によってでもなく、信仰によって義とされ、信仰によって平安とされる。（WA 1, 544, 7 – 8）

このようなルターの主張をふまえるとき、地獄、煉獄、天国は、一方で、三つの異なる領域に区別して考えられているが、他方で、それらは、一人のキリスト教徒の悔い改めの中で生じる実存的経験を三つの側面から切り取ったものとして理解することができる。ルターは、解説の中で、絶望している人々には、「ただ助けを求めて嘆くことだけが残されている」が、そこに希望のしるしを見ることが可能であること、しかし、それは「最も深遠な」事柄であると述べている。ルターは、死の問題を取り上げた一五一九年の著作、『死への準備についての説教』の中で、キリスト教徒は、死と地獄の絶望を、死と地獄それ自体において見るのではなく、キリストにおいてのみ見るべきであることを勧めている（WA 2, 689, 3 – 6, 9; 690, 24）。根源的な罪とそこから生じる罪責という生涯続く問題を抱える人間は、地獄に喩《たと》えられる絶望の経験を避けることはできない。それゆえ、それを人間が作り出した恐れとその人為的解消の装置や偽の平安の保証によって覆い隠したり、避けたりするのではなく、むしろ、その絶望を負うこと、しかも、キリストの十字架によって負われているものとして負うとき、そこに絶望はもはやなく、平安が与えられるというのである。

「九十五か条の論題」の最後の四つの論題は、そこになお「キリストに従う」という中世的なモチーフが見られるが、その思考において、絶望から救いへの確信が、地獄から解放され天国へと入る救いの喜びが、逆説的な仕方で、まさにキリストの福音への信仰によって生じるという、ルターの信仰義認の神学の方向に向かって述べられているものとして捉えることができるであろう。

だから、キリストの民に「平和、平和」〔エレミヤ書６・14、エゼキエル書13・10、16〕と言う、あのすべての預言者たちは立ち去るがよい――そこに平和はない。（第九二論題）

キリストの民に「十字架、十字架」と言う、あのすべての預言者たちは、さいわいである――そこに十字架はない。（第九三論題）

キリスト教徒はそのかしらであるキリストに、罰、死、地獄を通して、従うことに励むように、勧められねばならない。（第九四論題）

そしてキリスト教徒は、平和の保証によるよりも、むしろ多くの苦しみによって、天国に入ることを信じなければならない（使徒14・22）。（第九五論題）

現代への問いかけ――神の前に立つとき

受動的な神の義の理解を内容とする信仰義認の教説が、宗教改革という歴史的出来事の神学的基盤にある。それは、若き修道士ルターが、一五〇五年に修道院の門をくぐってから一〇年以上の年月をかけて、その修道院的な生活の中で、彼を修道院へと駆り立てた突然の死の恐怖の不安の問題と取り組みつづけて辿りついた、魂の到達点の神学的表現である。「九十五か条の論題」の第一論題でルターが、悔い改めについて語るとき、落雷体験をきっかけとした人生の方向転換に始まる、論題作成に至るまでの長いながい悔い改めのプロセスの経験が凝縮され、表現されている。ルターの人生にも、いくつもの転機が存在した。しかし、真の悔い改めとしての転換は、人生のある特定の一点に排他的に結びつけられるものではなく、絶えず繰り返し人生の中で経験されることとして理解された。

死は、現代であろうとルターの時代であろうと、だれもが経験する人間の普遍的な問題である。しかし、その死をどのように経験するかは、時代の文化や社会的な状況によって大きく異なる。今日の日本では、多くの人が病院で死を迎える。日本の新生児・乳児死亡率は世界でも最も低く、WHO（世界保健機関）の二〇一四年統計によれば、一〇〇〇人に三人と言われている（シエラレオネでは一六七人）。日本では、第二次世界大戦後に日本の領土で死者が出るような紛争や戦争は起きていない。また、中世におけるペストのような大量の死者がでる伝染病による被害もなかった。そのような意味では、ルターの時代の人々が感じていた、身近にある死の感覚を私たちが共有することは難しい。ただし、SARS（重症急性呼吸器症候群）やエボラ出血熱といった死亡率が高い感染症の世界的な流行、環境汚染や自然災害、そして原発事故といった近年の出来事は、死が身近にあることを再び私たちに強く感じさせ、そこに恐怖を感じることもあるだろう。それでも、中世的・キリスト教的死生観の枠組みを共有していない人々が、ルターの言葉の今日的な意義を理解するためには、ルターの経験と主張の中に、人間に関わるどのような普遍的な問題が含まれているのかを注意深く読み取る努力が必要とされる。そこで、もう一度、今日の多くの人が病院で死を迎える経験に話を戻して考えてみたい。

むきだしの魂

日本におけるホスピスケア実践の先駆者である柏木哲夫氏が、あるテレビ番組で、病院に入院している人々の状態を神学者パウル・ティリッヒの言った「むきだしの魂」（『生きる勇気』）という言葉で表現していたことが、とても印象に残っている。すなわち、病院では、特に検査や手術となると、会社の社長であろうと、主婦であろうと、それまで身につけていたもの、例えば、この世の地位や名誉を象徴するものはすべて取り去られ、裸の上に薄っぺらな検査着を一枚、羽織っているだけである。死を前にして、この世的なものは何一つ役に立たず、人は皆、魂がむきだしの状態にされていることを経験する。このような経験の場において、むきだしにされた魂を覆い包み守ることができるものは何か、あるいは、どのようにしてそのような状況にもかかわらず平安を生きることができるのか、という実存的な問題が生じる。そして、この世的なものによってでなければ、「上から」の何かによらなければ魂を覆うことはできないのではないか、という宗教的な経験の場が開かれるというのである。

ルターの時代の人々は、現代の人々が死の間際に病院のベッドの上ではじめて魂がむきだしであることに気がつくよりも前に、すでに日常の生活の中で、魂が死の危険にさらされていることを身近に感じていた。死は、一方で、身体的な死として、この世において限られた時間の中を生きる存在としての人間の有限性を明らかにする。しかし、他方で、この有限性は、存在の意味を疑問視させる無の問題を含み、それゆえ、時間的・量的な次元を超えた、質的、あるいは永遠の次元に関わる問題として経験される。

神の前で

中世のヨーロッパでは、この存在の意味の次元は、罪に対する神の裁き、そして判決としての永遠の命と永遠の死という宗教的な秩序の中で問題にされ、理解されていた。現代の私たちは、このような宗教的な場所が、当時の人々に、自己の存在の価値や意味を究極的に問うことを可能にしていたということを理解する必要がある。神の前という場所は、人間がその前で何も隠すことができないという意味で、魂が最もむきだしの状態にされる場所であり、その審判に耐えうる自己の正しさが問われる場所でもある。神の前とは、まさにそこに立つ人の全人格が問われることを可能にする場所であり、まさに良心が問われる場所であった。

中世的な贖宥制度は、ある意味で、教会法的な処方箋によって罪責のある魂に包帯をすることで、傷だらけの魂がむきだしにならないで神の前に出ることができるようにと考えられた人間的な配慮であったと言うこともできよう。しかも、その制度は、自分の行為で罪の穴埋めを行い、魂を整えることができるとし、この世的な功績（善い行いや金銭）と交換にそのような保証を与えるものであった。しかし、そのような保証は、ルターが経験する死と罪責の不安を完全に克服させるような平安を与えるものではなかった。

ルターにとっての問題は、神の前で明らかにされる魂が、自己中心性という力に束縛されており、それゆえ、あらゆる愛の行為を通しても、他者に到達することのできない孤独な自己閉塞的な存在であるということであった（松浦純）。そのような魂の経験を、ルターは、死、地獄、煉獄、恐れ、そして絶望の経験と表現している。

死は、人間の有限性と同時に、神の前にその永遠に価するような存在の根拠を自己の中に全くもっていない孤独として経験されるときに、絶望の経験として現れる。このような経験を通して、ルターは、当時の教会が提供していた罪や赦しに関する道徳的、量的、そして非人格的な制度とそれを支えた神学を批判することになった。そして、聖書との取り組みを通して、神と人間の直接的、人格的、そして信仰における関係の中に、魂の平安を根底から支える答えを見出したのである。それは、人間が、自らの有限性、そして神の義を満たす完全な生を生きることができない自己の無力さを理解するとき、その時に、逆説的な仕方で起こる出会いの経験であった。すなわち、神自らが、イエス・キリストを通して、人間の側から越えることのできなかった壁を突破し、神の恵みによって罪人を無条件に赦し、義と見なし、その関係性を回復されるという福音のメッセージに啓示された聖書の神との出会いの経験であった。

私たちの外から

ルターの神学の特質を表す言葉の一つに「私たちの外から」（extra nos）という言葉がある（WA 56, 158, 10 − 14）。神のことばが、神による無償の受け入れとして、つまり、外から与えられる「神の義」として聞きとられるとき、人間の存在の根拠は、もはや自分自身の内に探し求められる必要はなくなる。むしろ、イエス・キリストを通して、人格的に愛するものとして、外から私に関わる神の中に、確かな根拠をもつことが許されている。こうして、むきだしの魂は、この神の赦しと愛に覆い包まれて、死と罪責の不安から自由にされ、永遠の平安を与えられることになる。このような経験を、ルターは、信仰による義認と呼んでいる。

柏木哲夫氏は、人は死を背負って生きているのだから、突然に死に直面してからではなく、普段から自分の死について、例えば、一年に一度、誕生日に自分の死について考えてみることを提案している。実は、全く同じことを、ルターは、『死への準備についての説教』（一五一九年）の中で読者に勧めている。いまにも死を迎えようとしている時は、死を見つめるには「不適当な時機」で好ましくない（WA 2, 687, 16）。そのような作業は前もっていまだ「健在な時に」行っておくべきであると（WA 2, 687, 30）。

ルターの生涯と著作は、彼自身の生と死をめぐる実存的な格闘の軌跡を示し、私たちを人間の生の深みについて考えることへ招いている。しかしまた、宗教改革の歴史は、一人の若者の思索が、個人的な心の涵養にとどまるものではなく、教会や社会といった公の秩序を改革する土台となっていったことを示している。以下の章では、ルターの思想と共にその社会的影響についても具体的に見ていくことになる。

歴史探訪——ヴィッテンベルク城教会

一九三八年以来、「ルターシュタット（ルター都市）」という冠を都市名に掲げたヴィッテンベルクは、現在のザクセン・アンハルト州の東部に位置し、人口は約四万七〇〇〇人という比較的小規模の都市である。この町は、ドイツ宗教改革の主要都市として、二〇一七年に宗教改革五〇〇周年の中心地となる。一方で、その歴史的な意味と世界的なプロテスタンティズムとの関係でグローバルな意味をもつ都市ヴィッテンベルクは、他方で、ドイツの世俗的な小都市の一つにすぎない。ドイツ福音主義教会（ＥＫＤ）二〇一四年の統計によれば、ヴィッテンベルクの教会が属するアンハルト福音主義州教会のキリスト教徒の数は、人口の約一三・七パーセントである。また、二〇一二年のヴィッテンベルク市の統計によれば、市内のキリスト教徒は住民の一八・六パーセントで、その内一五パーセントがプロテスタント、三・六パーセントがカトリック教徒である。ドイツ全体におけるキリスト教徒の全人口に対する割合が六二パーセントであることと比較すると、その割合の地域差が非常に大きいことが分かる。旧西ドイツのキリスト教徒は社会のマジョリティであるが、旧東ドイツでは、マイノリティである。旧東ドイツの地域に位置するルターの町の多くは、世界から認められた宗教的・精神史的意義と世俗化した小さな地方都市の現実という両側面をもっている。

宗教改革五〇〇周年を記念するため、ルターと宗教改革に関連した建物等の大規模な改修工事が各地で行われている。例えば、ヴィッテンベルク

ヴィッテンベルク

の城教会（Schlosskirche）は、二〇一二年から二〇一七年まで、大規模な改築・改装工事が行われているが、この工事のために、国とザクセン・アンハルト州からの支援にＥＵからの八七〇万ユーロの支援を加えた、三三〇〇万ユーロ（約四八億円）が予算として計上されている。ちなみにヴィッテンベルク市の二〇一四年度の予算は、七三〇四万三四〇〇ユーロ（約一〇六億円）である。改修・改装の対象は、城教会のみではなく、市教会など多くの歴史的建築物に及び、またバリアフリーのための工事なども計画され、そのために外部からの多くの公的な支援が投入されることになっている。このような大規模な記念事業の実現は、宗教改革とその中心地ヴィッテンベルクの歴史的・文化的意義が、世俗化した今日のヨーロッパとドイツの社会の中でも、広く認められていることを示している。ただし、歴史的意義と現在の地域社会への意義がどのように結びついていくのか、ヴィッテンベルクの教会が問われるところであろう。

ヴィッテンベルクの旧市街の中心を東西に走るメインスト

改修を終えた城教会の塔部分
（2015 年 5 月）

改修中の城教会（2014 年 5 月）

リートは、東側がコレギーン通り、西側がシュロス通りである。二つの通りの中間に、市役所前のマルクト広場があり、広場には、左右にメランヒトンとルターの銅像が立っている。広場の東側にそびえる二つの塔をもつ聖マリエン教会を背に、シュロス通りをつきあたりまで行くと左手に城教会がある。

ヴィッテンベルク城教会は、十二世紀頃から存在する城塞の中に、おそらく一三四〇年頃に設置されたチャペルにその起源をもつ。十五世紀末に選帝侯フリードリヒが、居住地としてヴィッテンベルクに関心を示したことで、この都市が重要な意味をもつことになった。一四八九年からはじめられた新しい城の建築は一五〇九年に完了し、同じ時期に新しい城教会も建築されている。いずれの建物も、いく度もの戦災と建て直しを経ているため、ルターの時代の姿をとどめてはいない。幸運にも、一五〇九年にクラナッハ（父）によって制作された『ヴィッテンベルク聖遺物』の中の挿絵に、当時の姿を見ることができる（六六ページ参照）。

ヴィッテンベルク市役所の前に立つ
聖書を持つルター像

一五〇二年には、新しく大学が開設され、翌年から城教会は大学教会としての機能ももち、その扉が大学での討論を貼り出す場所として用いられるようになった。大学の諸々の式典も城教会で行われている。例えば、一五一二年十月のルターの神学博士号の授与、一五一八年のメランヒトンの就任講義も城教会が会場となった。今日の城教会は、十九世紀プロイセン時代、一八九二年にネオゴシック様式に建て直されたときの姿を保っている。ルターの時代に、大学での討論を目的とした論題の掲示のために用いられていた、現在のシュロス通りに面した教会の側面中央に存在した扉は、一七六〇年十月の砲撃で消失している。現在、この場所に設置されたブロンズ製の扉は、一八五八年十一月十日、ルター生誕三七五年を記念する日に公開されたもので、ルターの「九十五か条の論題」を記念して、論題が刻印されている。歴史的に、実際にルターがこの場所にあった扉に、論題を掲示したという事実は、実証されていないことについてはすでに述べた。しかし、城教会の扉にハンマーで論題を打ちつける伝説的なルターの姿は、特にルター派にとって、プロテスタンティズムの象徴として、そのアイデンティティ形成に大きな役割を担ってきた。

「95か条の論題」が刻まれる
ヴィッテンベルク城教会の扉

教会内部には、左側にアムスドルフ、レギウス、シュパラティン、ブーゲンハーゲン、メランヒトン、右側にクルチガー、ブレンツ、ヨナス、ルター、合計九人のヴィッテンベルクの宗教改革者たちの像が柱に沿って建てられている。また、柱と柱を結ぶアーチ型の側壁には、宗教改革の先駆者と見なされるチェコのヤン・フス、スイスの宗教改革者カルヴァンとツヴィングリ、あるいは芸術家クラナッハやデューラーの肖像が刻まれた円形碑盤がある。さらに、宗教改革を支持した諸侯、貴族、そして諸都市の紋章が数多く飾られている。このような礼拝堂内部の装飾によって、城教会は、ヴィッテンベルクを越えてヨーロッパ全体に影響を与えた宗教改革とその立役者たち全体を記念する空間を生み出している。

第1章で触れたように、ルターは、この教会に埋葬された。正面に向かって右側の説教壇のすぐ横には、ルターが埋葬された墓があり、反対側には、メランヒトンの墓がある。ルターの記念をはじめた城教会は、十九世紀プロイセンの宗教政策による建築事業により、国家のプロテスタンティズム的アイデンティティを象徴する建物へと改築され、今日もその姿で保存されている。

地上の教会は不変ではなく、政治的・歴史的文脈の中で、絶えず、変化を経験する。五〇〇周年に向けた記念事業もまた、そのような歴史の中で教会が示す一つの態度となる。

ヴィッテンベルク城教会内のルターの墓

コラム

人間の愛と神の愛

【ハイデルベルク】

ルターがハイデルベルク討論を行ったことを記念するプレート

若い学生たちや買い物客でにぎわうハウプト通りの南側にある小高い丘の上に、赤茶色の壁からなる半ば廃墟となった城が、昔の栄華を思わせる優雅さを保ちながらそびえ立っている。このハイデルベルク城を一目見るために、はるばる日本から多くの人々が、現在のバーデン＝ヴュルテンベルク州北西部にあるこの町を訪れる。宮廷司祭シュパラティン（一四八四—一五四五年）に宛てた一五一八年五月十八日付けの手紙の中で、ルターは、同年、四月にハイデルベルクを訪ね、案内されたハイデルベルク城の装飾の美しさと軍備の充実について報告している（WABr 1, 173）。現在の城は、戦争で受けた多くの傷跡が残り、昔の栄華は、想像の中で思い描くしかない。城から眺めるハイデルベルクの旧市街とネッカー川は、観光の名所となっている。そんな城のふもとには、エアフルトと並んでドイツで最も古い大学の建物が町のあちこちに点在している。

そんな旧市街のグラーベンガッセとアウグスティーナガッセに挟まれて、大学旧館と新館があり、その間に大学広場がある。この広場のアウグスティーナガッセに近い地面を注意深く眺めると、石畳の一角に、円盤の

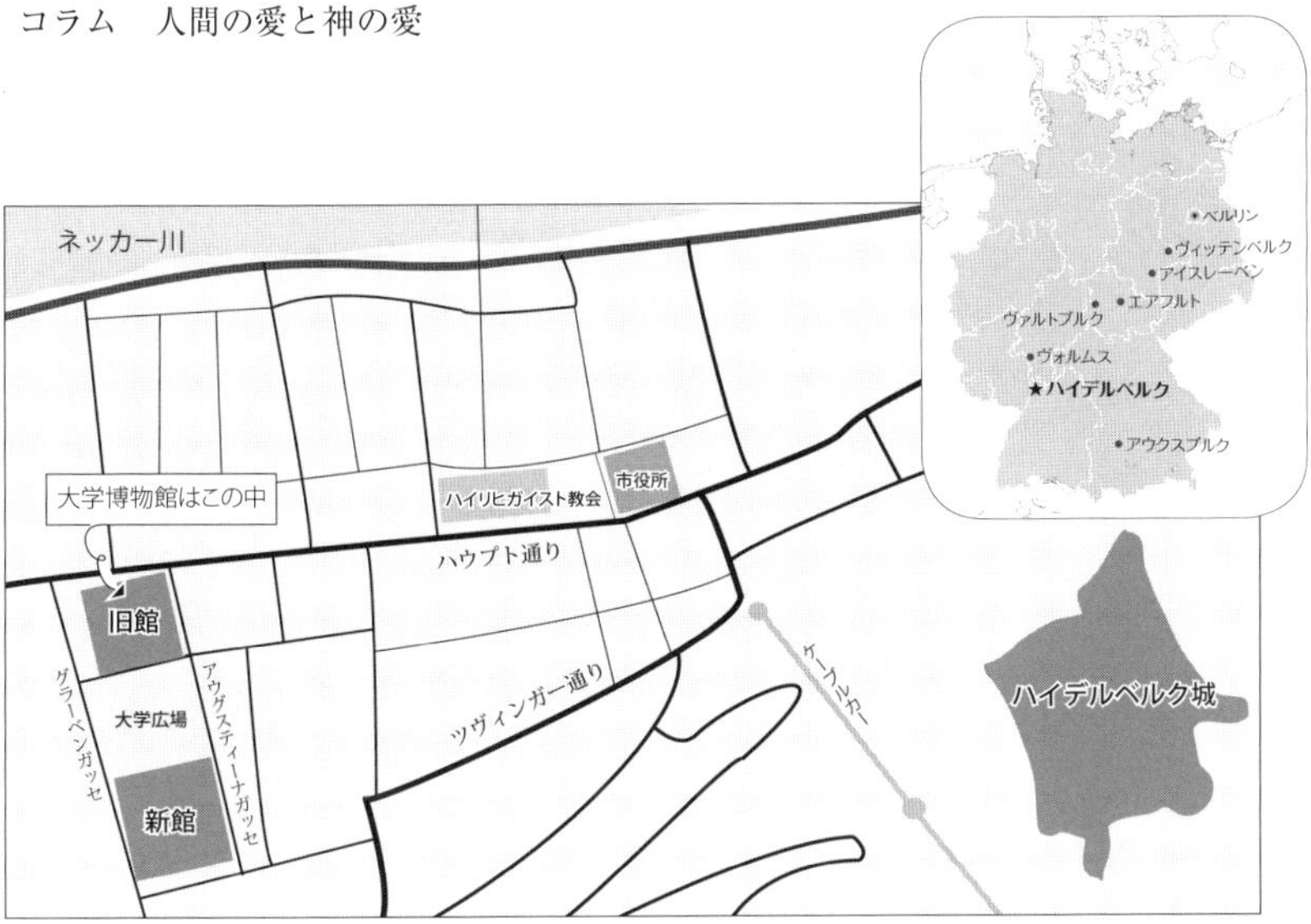

形をした記念碑が埋められていることに気づく。一五一八年四月二十六日に、ルターがアウグスティヌス隠修士会に滞在し、「ハイデルベルク討論」を行ったことを記念するプレートである。ルターが滞在した場所や討論を行った建物は、もう残ってはいない。残っているのは、ルターの言葉だけである。

ルターは、彼の新しい認識を、二八の神学的論題と一二の哲学的論題にまとめ、討論を行った。その生き生きとした精神は、そこに居合わせた若い修道士や神学生たちに影響を与え、そこから宗教改革の重要な担い手たちが生まれた。例えば、シュトラースブルクの宗教改革者マルティン・ブーツァーやヴュルテンベルクのヨハン・ブレンツなどがその場にいた。

ルターは、二八の神学的論題の中で、私たちが生きている世界に対する、二つの異なった現実の認識のあり方を、栄光の神学と十字架の神学の対抗として論じている。ルターは、論題の冒頭で、彼の主張を神学的逆説と呼び、その主張がパウロとその良き理解者である教父アウグスティヌスに依拠したものであることが、討論を通して明らかにされることを求めている。

ハイデルベルク城とハイデルベルク大学神学部（右手前）

栄光の神学者は、「受難よりは行為を選び、十字架よりは栄光を選び、弱さよりは力を選び、愚かさよりは知恵を選び、普遍的に言えば、善よりは悪を選ぶ」（第二一論題への解説。WA 1, 362, 24－25）。十字架の神学者はその逆である。

栄光の神学は、人間の自然的能力に信頼し、自由意志によって律法や自然的な戒めを満たし、こうして神の前で自己を義なる者とすることを求める。これに対して、十字架の神学は、自己の自然的能力に信頼せず、むしろ、自分の義を死に至るものとして恐れ、キリストへの信仰によって与えられる義を求める。

これらの論題の中で、「九十五か条の論題」の最後の四つの逆説的論題における主張が、信仰義認の立場から、より明確な神学的対抗として提示されている。ルターが明示することを試みた対抗と逆説を、神学的論題の最後に掲げられた第二八論題とその論証を手がかりに、見てみよう。

神の愛（Amor Dei）は、愛するに価するものを見出すのではなく創造する。人間の愛（Amor hominis）は、愛するに価するものから生じる。（第二八論題。WA 1, 354, 35－36）

十字架の神学と栄光の神学は、ここで神の愛と人間の愛の対抗として論じられている。愛するに価するものから生じる人間の愛を、ルターは、受動的な愛と説明している。なぜなら、私がある対象を愛するのは、その対象がそもそも愛するに価する価値をもっていて、それに惹きつけられるからである。例えば、美しさや優しさ、あるいは社会的地位や業績といった、愛するに価するものを、ある対象がもっていることが前提とされ、そこに惹きつけられて生じる関係を、ルターは人間の愛と説明している。『アガペーとエロース』の著者ニーグレン（一八九〇－一九七六年）は、このような愛を、対象の価値に依存した愛（エロース）と呼んでいる。

そのような人間の愛に対して、「神の愛は、愛するに価するものを見出すのではなく創造する」。人間の創作活動をクリエイティブ（創造的）と表現することがあるが、その場合、人間は必ず何かすでに存在しているものを前提に、それを変化させて新しいものを造り出す。しかし、ルターが語る創造とは、神の創造の行為であり、何もないところに新しいものを生み出すという意味をもっている。つまり、この神の愛は、価値の無いところに価値を生み出す創造的行為である。それは、人間の愛のように、すでにある価値を前提としない。それゆえ、創造的な愛である神の愛とは、ニーグレンが言うところの対象の価値に依存しない愛（アガペー）である。そして、ルターは、第二八論題について論証した文章の中で、これら二つの愛を、より分かりやすく、かつ非常に印象的な表現で対抗的に示している。

それゆえ、罪人は、愛されるがゆえに美しい者であり、美しい者であるがゆえに愛されるのではない。（WA

1, 365, 11－12)

前者が神の愛、後者が人間の愛を意味している。人間の愛は、美しいから愛されるという特徴をもっている。しかし、そのような主張をコインの表とするならば、その裏には、美しくない者は愛されるに価しないという主張が隠れている。愛とは、関係を表す概念であるが、人間の愛とは、まず対象の質や価値が前提とされ、そこから関係が生じる世界を表している。したがって、私の中にそのような質や価値を用意することができなければ、この愛の関係は成立しない。これが、前章の宗教改革的転回で述べた能動的な義の世界である。それに対して、神の愛の世界では、愛されるという関係が先にあり、この愛の関係を通して、愛されるに価するものとしての質や価値が生じる。ここに、質と関係との順序の逆転がある。つまり、質から関係が生じるのではなく、まず関係から質が生じるのである（松浦純）。ルターにとって、キリストの十字架は、そのような逆説・逆転が啓示されている場所であった。この十字架を通して、人は、すでに神の愛の関係の中で愛するに価するものとして存在していることを経験する。それは、ただ信仰によってのみ確信され、現実となる、十字架の神学による世界認識であり、ルターにおける受動的な義の経験である。人は、神の創造的な愛の関係に受け容れられていることを受け容れることを通して、このアガペーの愛の世界に参与する。

ルターは、ハイデルベルク滞在から約半年後に執筆した『死への準備についての説教』の中で、読者に死と罪と地獄への対抗策としてサクラメントへの信仰を推奨している。その文脈において、ルターは、「信仰は価値あるものとし、疑いは無価値なものとする」（WA 2, 694, 2－4）と述べている。サクラメントとは、死と罪と地獄を克服したキリストの生命、従順、愛についての目に見えるしるしである。しかし、サクラメントを受けようとするときに、悪魔が現れ、神の恵みを受けるに相応しい価値への問いをもたらし、自分自身への疑いを起こさせる。ここで、ルターは、人間の存在価値をめぐる二つの異なる態度を、信仰と疑い、そして、悪魔のささやきと神のことばの対抗として説明している。「神はあなたに、あなたの価値のゆえには何も与えることはない。神はまた神のことばとサクラメントをあなたの価値の上に築くことはない。むしろ、全くの恵みから、神は価値のないあなたを神のことばとしるしの上に築く」（WA 2, 694, 7－9）。悪魔のささやきが、神の恵みを受けるに価する価値を要求するのに対して、神のことばは、価値のゆえにではなく、むしろ恵みから価値のないところに無条件に与えられる愛の関係を約束する。この無条件の愛の関係の中で、人は、存在を無へと引き渡すかのように見える死と悪魔のささやきを前にしても、決して失われることのない神によって創造される価値を獲得する。こうして、「ハイデルベルク討論」の神学的主張が、死に臨んでいる人々への慰めの説教に応用されている。

ルターが彼の神学的主張によって対抗した当時の世界は、すでに見てきたように、最後の審判を究極的な定位点として、神の裁きに耐えうる自己の価値や存在根拠を、宗教的な功績によって証明しなければならない世界であった。それは、対象の愛に依存した愛の世界、質から関係が生じる世界である。

現代の私たちが生きている業績主義社会もまた、ルターの指摘する人間の愛の世界の特質をもっている。業績主義とその判定が絶対的なものとして受けとめられ、それにもかかわらず、期待される業績をもたらすことができず、他者の承認を得ることができないときに、人は、あたかも自己の存在が否定されているかのような経験をすることがある。「人間の愛の世界」の経験は、時として不安と絶望をもたらし、存在の危機ともなりうる。

そのような危機の中で、人は、それにもかかわらず、「生きる勇気」（ティリッヒ）を喪失しないために、新しい自己と世界の認識を必要とする。ルターが示す、神の愛における現実理解は、人間が発揮する社会的な業績が、人間の一部分ではあっても、全体ではなく、その有無によって存在それ自体の価値が失われるものではない、という確信をもたらす。しかし、この確信は、自分自身への信頼によ

ハイデルベルク大学新館の前の学生たち。
扉の上には「生き生きとした精神のために」と書かれている

ってではなく、対象の価値に依存せず、無償で愛する神とその愛に基づくものであり、この神への信仰によって経験される確信である。

宗教改革から五〇〇年を迎える今日、外面的には、宗教から遠く離れた、世俗化した世界を生きていると考える人々は少なくないであろう。しかし、そのような世界の中で、相変わらず、私たちは、ルターが示した二つの世界のいずれを人間が生きる世界の本質と見なすのか、問われているのではなかろうか。そして、その実存的・信仰的決断によって、二つの異なる世界が現れ、その枠組みの中で、私たちの人生も、他者との関係性も、異なるものとして経験される。社会の様々な関係性の中で、人間が疎外され、存在の価値が脅かされるとき、ルターの信仰義認についての神学的思想は、それに対する警笛を鳴らし、人生と世界について根本的に問いかけ、生きる勇気を呼び覚ます思想として経験されるであろう。

ハイデルベルク大学の新館の建物の入り口には、「生き生きとした精神のために」というドイツ語が掲げられている。ナチスの時代に設置された「ドイツ精神のために」という標語が、戦後に置き換えられたものである。その広場に、冒頭で触れた、ルターの記念碑が設置されている。ロマンチックなハイデルベルクの街を散策しながら、若きルターがこの地で、人間を根底で支える信頼の力の源泉について、心を熱くして語ったその生き生きとした精神に思いを馳せてみた。

第4章 キリスト教的な人間の自由

【ヴォルムス】

自由を土台にした宗教改革

現代社会に生きる人々にとって、自由とは何を意味しているであろうか。あるいは、どこで自由を実感し、実際にその自由を生きているであろうか。自由の問題は、宗教改革者ルターにとって、中心的な意味をもっていた。彼は、青年期から人間とは何であるかという問いに実存的に取り組み、精神的、身体的、そして学問的格闘を経て、聖書の中に証言されたキリスト教的な自由にその答えを見出した。ルターは、自由という概念を義という概念と並べて語っている。なぜなら、ルターにとって、自由という概念は、信仰による義認によって可能となる人間の実存的状況の真価を最も明らかにした概念だからである。修道制と大学の聖書講義を土壌として深められた神の前における内面性の徹底した吟味は、信仰によって義とされた人間の自由の認識へとルターを導いた。そして、内面における自由の確信は、内心における個人的な満足として終わるものではなく、新しい認識に基づく教会（宗教）と社会の改革の要求へと結びつくものであり、政治的な帰結を伴うものであった。

また、ルターの宗教改革的な自由の認識は、神との関係性における垂直的な次元と、隣人との関係性における水平の次元にかかわるものであった。その際、信仰と社会的行為は、キリスト教的な自由に基づいて実現するキリスト教的な人間の生を二つの視点から見たときに区別して語られるものではあるが、現実には決して切り離すことができない関係性の中に位置づけられるものであった。さらに、宗教改革的な自由の認識は、神との垂直の関係に基づいた、水平な関係における平等性の理解をもたらした。この教会論的・社会的次元に対する帰結は、ルターの新しい神学的認識が社会的に意義のある新しい価値として機能し、社会における大きな変革の推進力となる可能性を開くものであった。ルターのキリスト教的な人間の自由の認識とその社会的帰結は、まさに十六世紀ヨーロッパにおける神学的・社会的イノベーションであったと言える。そして、この宗教改革的な思想と出来事は、近代における自由の理解や民主主義の発展にとっても重要な意味、すなわち世界史的意義をもっていることが、繰り返し指摘されてきた。

本章では、一五一八年の「ハイデルベルク討論」以降、一五二一年四月のヴォルムス帝国議会における良心の自由の宣言に至るまでのルターにおける宗教改革的な自由の認識とその実践を、彼の著作を手がかりに発展史的に辿りたいと思う。なぜなら、そのような作業を通して、いまここで概観したところのルターの自由の認識を、動的な歴史的出来事との関連で理解できるからである。一人の修道士が確かな救いを求めて追究し、見出した答えは、それがあまりにも根本的であったがために、彼の内面の世界だけでなく、彼の周辺世界全体を根幹から揺るがすものとなっていった。

ルターに自由を与えた政治的背景

良心の自由の実現が問題となるとき、それは個人の内面の世界に限定された事柄としてではなく、公的な場所で権力の限界を要求する、社会的・政治的枠組みが問題となる。ルターが良心の自由の主張を貫き、その信念に基づいて新しい教会の形成と社会的な改革を実践することができたのも、ルターを断罪しようとする教会的・政治的権力に限界が設けられていたからである。そのような限界を可能にしたのが、当時のドイツの諸侯の中で、最も強力であったザクセン選帝侯フリードリヒ賢公（在位一四八六―一五二五年）の存在であった。一五一八年十月に、ローマではなくアウクスブルクで、ルターの「九十五か条の論題」における主張について審問が行われた背景には、国境を越えて裁治権（教会が有する統治の権能）を執行しようとするローマ教会の権力に対するドイツの諸侯たちによる反発があった。また、一五一九年一月に、神聖ローマ皇帝マクシミリアン一世（一四五九―一五一九年）が死んだため、帝位は空白となり、新しい皇帝の選出が必要となった。この新たな政治的状況が、ルターの破門のプロセスを滞らせることになった。

スペインのカルロス一世とフランスのフランソワ一世の権力争いが展開される中、教皇レオ十世は、広大な領地を支配するカルロス一世に権力が集中することも、また、かつてローマ教皇庁に力をふるったフランスの影響力が増大することも望んではいなかった。教皇レオ十世は、上述の二人ではなく、第三の候補として、ドイツの領主たちから尊敬され、評判の良いザクセンのフリードリヒ賢公を皇帝の候補者としたいと考えていたため、ルター問題への対処において控えめにならざるを得なかったのである。こうして、一五二一年に破門が決定されるまでの間、ルターは、身の安全を守られ、宗教改革的神学の発展と著作の出版、そしてそれらの広範な伝播のための貴重な時間が与えられた。

クラナッハ「フリードリヒ３世（賢公）」
（1532年）

一五一九年六月、新しい神聖ローマ皇帝にカール五世（カルロス一世）が選出されたため、ローマはもはやザクセン選帝侯に配慮する必要はなくなった。一五二〇年六月十五日に破門威嚇勅書「エクスルゲ・ドミネ」（立ち上がりたまえ、主よ）が発せられ、一五二一年一月三日にルターを破門に決定する勅書が公にされた。しかし、その際も、ルターが逮捕されローマに送られるということはなく、フリードリヒ選帝侯とカール五世の後ろ盾を得て、一五二一年四月に開催されたヴォルムスの帝国議会に召還され、ドイツで審問を受けることになった。結果として、ヴォルムスの勅令によって、ルターに対する帝国による断罪が決定されたのであるが、勅令の執行は諸侯たちの手にかかっており、ルターはまたしてもザクセン選帝侯によって保護され、宗教改革者として活動する場所が確保された。

こうして、ローマの教会権力の限界の外側で、また帝国権力の狭間で、新しい宗教的文化が生まれることになり、ヨーロッパにおける政治的・宗教的信条の多様性の歴史の第一歩がはじまることになる。そのはじめに、ルターと同時に、その活躍の舞台を常に政治的に保護し、支援したザクセン選帝侯フリードリヒ賢公という人物が存在したということを想起することは、歴史的に重要な意味をもっている。人が良心の自由に基づいて社会的に生きていくためには、それを可能とする政治的な空間を必要とするからである。とはいえ、良心の自由をその根底において可能にするものは、ルターにとって政治的権力ではなく、宗教改革的発見としての信仰による自由であった。内的な自由、そしてそれが生きられる自由の空間、そのいずれに対しても注意が払われる必要がある。

「エクスルゲ・ドミネ」の表紙

教会の権威を問い直す論争——ライプツィヒ討論

ルターが宗教改革者となる道程は、宗教改革的自由の認識とその実践の発展的、漸次的プロセスとして理解できる。その出発点にあるのが、信仰義認の神学的認識であった。すでに見てきたように、宗教改革的な自由の認識をルターが自覚的に生きはじめたことは、一五一七年十月頃から自分の名前をルダーからルターへと変更し、「修道士マルティヌス、自由人」と表記したことから読みとれる。これは、一五一三年から一五一七年に行われた聖書講義を通して辿りついた、神の恵みによる罪と死と絶望からの自由という実存的な経験に基づいている。新しい名前の表記の使用とほぼ時を同じくして、ルターは、『スコラ神学反駁討論』（一五一七年九月）を著し、中世の大学における神学を規定してきたスコラ神学からの自由を表明している。さらに、同年十月の「九十五か条の論題」の発表も、それをきっかけとしてはじまる論争を通して、結果的に教会の権威から自由な者となっていくルターの自由な精神の自覚的な発展の過程の中に位置づけることができる。

信仰義認の理解を核とし、そこから由来する自由の精神によって支えられた神学的主張は、ヴィッテンベルク大学の中で議論を起こし、さらにその議論は、ヴィッテンベルクの壁を越えた公の議論を巻き起こしていった。内容的には、魂の救いにおける神の恵みの働き、そして人間の自由意志の役割をめぐる神学的議論から、次第に教会の権威を問い直す議論へと発展していった。

教会の権威として、具体的に議論の対象となったのは、神学的議論の根拠となる権威（聖書と伝統）、公会議の権威、そして教皇の権威についてであった。さらに言えば、聖書の権威に基づいて、公会議と教皇の権威についてどのような判断を下すことができるのか、ということが問題とされた。ヴィッテンベルク城教会の扉に「九十五か条の論題」をハンマーで打ちつけたルターの姿が繰り返し描かれ、教皇権威に勇敢に立ち向かうプロテスタント的英雄として想起されてきたことについて、第3章で触れた。しかし、一五一七年十月の時点で、ルターはまだ教皇の権威を否定するような発言はしていない。さらに、教会権威をめぐる議論は、決してルターひとりによって行われたことではなく、議論の輪の中には、宗教改革的思想に賛同するヴィッテンベルクの仲間たちがいたことも想い起こされるべきである。

例えば、後にルターと対立することになる、ヴィッテンベルク大学神学部教授のアンドレアス・ボーデンシュタイン・フォン・カールシュタット（一四八六―一五四一年。出身地のカールシュタットの名で呼ばれた）の存在を忘れてはならないであろう。彼は、ルターの共闘者として、ローマの教会権威を批判するパンフレットを精力的に執筆した宗教改革者の一人であり、一五一八年五月の論題集で、ヴィッテンベルクで最初に公会議の誤謬の可能性について語った人物である。その中で、彼は教皇が聖書に反した場合に誤り得ることについてさえ指摘している。

聖書のテキストは、一人、あるいは多くの教会教父に対してだけでなく、むしろ全教会の権威に優先される。

（第一二論題）

もし、ローマ教皇が、使徒たちと預言者たちが教えていることを否定することを支持するなら、意見を述べているのではなく、非常に誤っていることが確証される。

（第三四八論題）

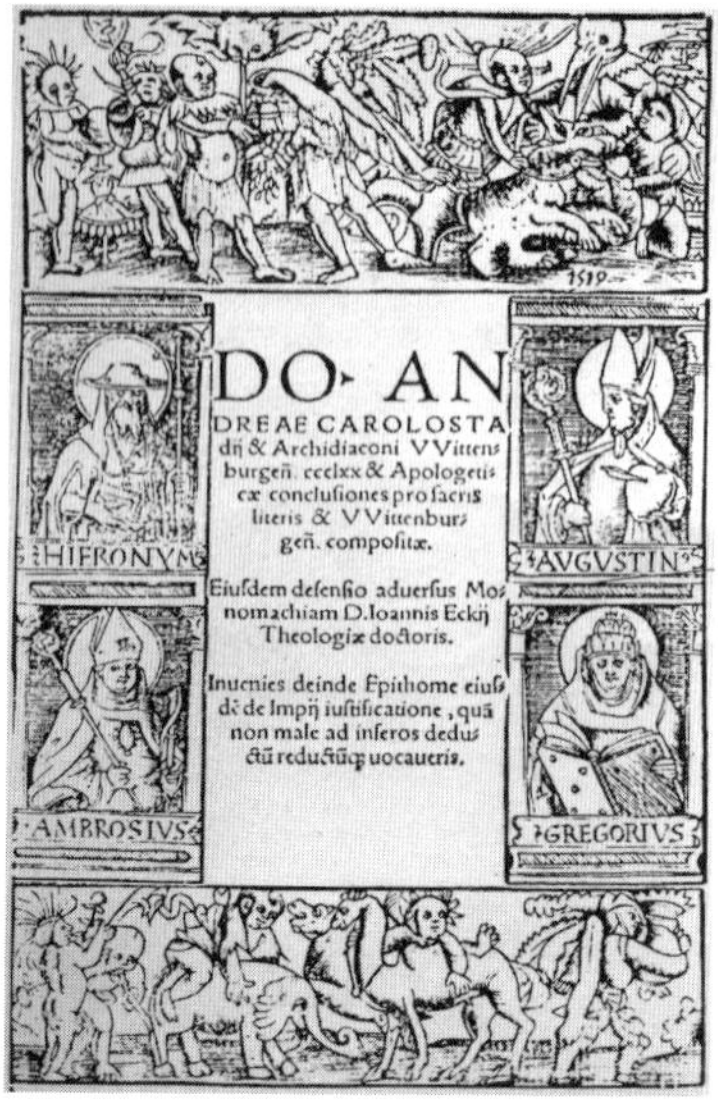

カールシュタットが 1518 年に
出版した論題集の表紙

ただし、カールシュタットも、その時点では、あくまで教皇の誤謬の可能性について理論的に述べただけであり、一五二〇年十月に執筆した『教皇の聖性について』の中で、最終的に教皇権と決別するまでは、実践的には教皇に忠実な神学者であった。

カールシュタットが、上述の論題集で行った聖書権威の優先性を主張する議論を、ルターは同年八月の彼自身の著作の中で、教皇が誤謬を犯す可能性についての議論に利用している。これは、ヴィッテンベルクの宗教改革者たちが、お互いに影響を与えながら、彼らの議論と運動を展開していったことを示す一例である。

権威をめぐる議論を先鋭化させ、ルターの破門に関する教皇庁の手続きを加速させた歴史的要因の一つが、一五一九年の六月二十七日から七月十五日までの三週間、ライプツィヒで開催された討論会である。ヴィッテンベルクを代表して論壇に立ったのは、ルターとカールシュタット、そして討論の相手は、インゴルシュタット大学教授のヨハン・エック（一四八六―一五四三年）であった。ルターの「九十五か条の論題」が契機となって、ルターとエック、カールシュタットとエックの間で、ライプツィヒ討論の直前まで、論題の執筆による互いの主張をめぐる激しい応酬が行われていた。エックは、一五一八年十二月十九日付けで、『一二論題』を書き、ローマの教会が教皇シルウェステル一世（在位三一四―三三五年）以前の時代に、他の教会より高位に位置し、代々の教皇がペトロの継承者としてキリストを普遍的に代表するものであることを主張した。それに対して、ルターは、同年五月の「論題集」で、次のように反論している。

ローマの教会が、他の教会より高位にあるということは、過去四〇〇年の間に成立した諸々のローマ教皇による全く証拠能力のない教令によって証明されている。それに対して、一一〇〇年間の公認された歴史、聖書のテキスト、最も神聖なるニカイア公会議の教令が反対している。（WA 2, 161, 35–38; 185, 8–12）

ルターは、「九十五か条の論題」を解説する著作の中で、すでに、ローマの教会権威から自由なギリシア正教会の存在を指摘し、教皇権威の限界について述べていた。しかし、彼はこの論題集の中で、歴史的批判的な視点、聖書の権威、さらにはすべての教会によって公認されている公会議の権威に基づいて、教皇権威の限界についてさらに踏み込んだ主張を行っている。

ルターは、このような主張がいかに挑発的な性格をもったものであるか自覚していたに違いない。ライプツィヒ討論において、エックがルターを断罪する手がかりを引き出すために、教皇権威をめぐる議論へと誘導し、一四一五年、コンスタンツ公会議で異端として断罪されたジョン・ウィクリフと火刑に処されたヤン・フスの見解にルターを結びつけることに成功したとき、ルターは、すでに神学的、歴史的、教会法的な検証に基づいた確信をもって自らの主張を貫く準備ができていた。

エックは、教皇庁からルターを破門する委員会へと召集され、一五二〇年六月十五日に、破門威嚇勅書が発行された。しかし、教皇がヴィッテンベルクの修道士であり大学教授であった一人のドイツ人を、フスに対して行ったように火刑に処するには、当時の歴史的・政治的状況には、簡単に越えられない限界が設けられていた。逆に、ローマ教皇庁の強硬な姿勢は、ルターとその信奉者たちの改革への確信と行動を促進することとなり、後戻りできない状況を招くことになった。そこで次に、宗教改革者としての自覚を深めつつあったルターが、一五二〇年に執筆した代表的な著作を取り上げ、改革と自由を求めるどのような思想と主張が世に送り出されたのかを考察する。

一五二〇年の著作活動――平等と自由を求めて

ルターの三大著作

ライプツィヒ討論におけるローマ教皇首位権に対する批判的な発言の後、ルターを異端として断罪するプロセスが本格化し、一五二〇年六月には彼に対する破門威嚇勅書が出された。同年にルターは、『ドイツのキリスト者貴族に与える書』（ドイツ語）、『教会のバビロン捕囚』（ラテン語）、そして『キリスト教的な人間の自由』（ドイツ語とラテン語）という宗教改革的三大著作を次々と世に出した。

特に、八月に出版された『ドイツのキリスト者貴族に与える書』によってルターはより広く公に知られ、一躍時の人となったと言える。ルターは、その著作を「沈黙の時は過ぎ去り、語る時が来た」（WA 6, 404, 11－12）という象徴的な言葉ではじめており、そこに彼の改革への意気込みを読み取ることができる。さらに、この著作の構成も、ルターのこの時点における改革への徹底した態度を示している。著作の主要部分では、ルターの宗教改革的な思想から帰結される様々な教会的改革と社会的改革についての二七項目（初版では二六項目）の提案が包括的な一覧の形式で提示されている。しかし、ルターは、これらの改革の実行を、腐敗の原因となっている教会を統括する教皇庁や教皇に期待するのではなく、ドイツのキリスト教徒である貴族、すなわち世俗の権力者に求めている。そして、そのような要請を正当化するため、著作の冒頭で、改革の妨げとなっているローマの教皇権威に関わる三つの壁を攻撃している。それは、ルターの根本的な神学的思考に基づいた、中世の宗教的・社会的な枠組み自体を根底からくつがえすほどの批判的主張であり、その影響は、後に、近代における「民主主義への道のりの決定的な推進力となった」（W・フーバー）と評価されてもいる。

キリスト教的な人間の平等

では、三つの壁とは何であったのか。第一に世俗的身分に対する霊的身分の優位、第二に教皇による聖書解釈の権限の独占、第三に教皇による公会議召集の権限の独占、及び公会議に対する教皇の首位権という、教会の聖職者の霊的権威とその位階制の頂点に座する教皇権威のことである。そして、ルターが、第一の壁に対する神学的主張として展開した全信仰者祭司性の理解が、すべての壁に対する攻撃をその根底で支えていた。ルターは、コリントの信徒への手紙一12章12―13節、ペトロの手紙一２章９節、及びヨハネの黙示録５章10節を引用しながら、すべての信仰者が洗礼によって等しく霊的であり、祭司として聖別されていると主張する。

パウロがコリントの信徒への手紙一12章で、「私たちはみなことごとく一つの身体であるが、各々の肢体は、他の肢体に仕えるためにそれ独自の働きを持っている」と述べているように、すべてのキリスト教徒は、真に霊的な身分に属し、ただ職務のため以外には彼らの間には何の差別も存在しないからである。私たちが一つの洗礼、一つの福音、一つの信仰をもち、そして同じキリスト教徒であるということが決定的なことである。なぜなら、洗礼、福音、そして信仰のみが〔私たちを〕霊的で、キリスト教的な民とするからである。

（WA 6, 407, 15 – 19）

従来、ヨーロッパ社会に属する人間は、聖職者を意味する霊的身分と世俗的身分という質的に異なる二つの身分に区別されてきた。しかし、ルターはここで、その従来の区別を、職務という機能的な観点からの区別に限定し、両者が共通に有する一つの洗礼、一つの福音、一つの信仰のみが、「霊的で、キリスト教的な民」をつくるのだと主張している。この主張は、革命的な性格をもっていた。なぜなら、すべての信仰者が同じ霊的身分に属しているという理解は、従来の教皇を頂点とする霊的位階制に基づくキリスト教的な聖と俗の境界線を突破し、そのような聖俗概念によって規定されてきた社会秩序の根本的な変革を要求するからである。

これは、霊性もしくは霊的権威の民主主義化と言えるものであり、「全信仰者祭司性」として表現される。万人祭司性とも表記されることがあるが、正確には、万人ではなく、洗礼を受けたキリスト教の信仰者に平等な祭司性が問題となっているため、ここでは全信仰者祭司性を採用している。

祭司性とは、従来の教会の理解によれば、叙階のサクラメントによって聖別された司祭にのみ認められてきた霊的権能である。カトリック教会の理解によれば、キリストであるイエスから第一代ローマ教皇となった使徒ペトロに譲渡されたその霊的権能は、代々の教皇によって継承され、教皇を頂点とした霊的位階制に基づき、叙階を受けた聖職者たちにのみ譲渡されてきた権能である。これは、マタイによる福音書16章18節以下に基づいて「鍵の権威」とその「使徒継承」として語られる事柄である。この権能に基づいて、サクラメントは執り行われてきたし、有効なものであると理解されてきた。

しかし、ルターは、霊的権能の起源を信仰と洗礼に集中させることで、聖職者と世俗の信仰者の間には職務としての差異しか認められず、霊的に平等であると主張したのである。全信仰者祭司性の主張は、しかし、だれもが好きなときに司祭として務めを果たしてよいと言っているのではない。そうではなく、教会共同体の中からその職務へと選ばれたものが、共同体を代表して司祭としての働きを担うことが、共同体の秩序に適うあり方であるとルターは考えていた。その選びの根拠が、他の信仰者と異なる特別な霊的権能に求められることはもはやなかった。神の前に霊的にはみな平等である。福音への信仰と洗礼、これだけで十分であった。この霊的平等性の思想は、今日に至るまで、プロテスタント教会の教会理解を根本的に特徴づけている。そして、この主張を根幹で支えているのが、神と信仰者の直接的で人格的な関係を軸とした「信仰義認」の神学的理解であった。

この霊的平等性によって、第二の壁も第三の壁も乗り越えられていくことになる。鍵の権威がペトロと代々の教皇にのみ与えられたのではなく、全教会共同体に与えられているように、祭司性を有するすべてのキリスト教徒に聖書を信仰に基づき解釈し、またその正しい理解と誤謬を判断する権利が与えられている。その際、ルターは、読者に教皇権威とその教えから「勇敢に自由になるべきである」こと、そして「自由の霊」を解放することを勧めている（WA 6, 412, 28）。また、洗礼によって祭司へと聖別されたキリスト教徒はすべて、原理的にはキリスト教界の改革に携わる権利と義務をもつ。ただし、ルターがこの著作を通して改革の実現のための行動を訴えかけているのは、世俗的な権力を所持する者たちであった。

第三の壁に対する批判において、ルターは、広く公認されているニカイア公会議が当時のローマ皇帝コンスタンティヌスによって召集された歴史的事実を取り上げ、次のように語っている。

それゆえ、急を要する場合で、教皇がキリスト教界にとって躓きである場合には、最初にできる者が、体全体の忠実な一員として、正しい自由な公会議を開催するよう行動すべきである。（WA 6, 413, 27 – 29）

最初にできる者とは、具体的には神聖ローマ帝国皇帝のことを指している。つまり、ルターは、改革の実現のために世俗の権力者たちに訴えかけてはいるが、その中でも、皇帝カール五世の主導による改革の実現を期待していると言える。したがって、全信仰者祭司性の主張は、民衆主導による下からの革命の要求にではなく、むしろ、世俗的統治者による上からの改革を要求する主張と結びつけて展開されている。

領邦君主や皇帝による「秩序ある改革の実現」というルターの改革ビジョンは、一五二四年にはじまる農民戦争によってはじめて自覚されたものではなく、すでにこの時期から彼がもっていたものである。ルターは、後に、宗教改革陣営内で自由の霊を強く主張し、世俗権力の意向を無視して改革を要求するグループと対抗することになる。既成の政治的境界線を越える、より徹底した信教の自由を求める運動に対して、ルター自身が立ちはだかった。また、福音に基づいた正義を求めて蜂起した農民に対する弾圧の積極的な支持により、権力に対するルターの臣従精神が批判の対象となってきた。そこにルターの政治思想の限界があったということを認めることが必要であろう。

それにもかかわらず、社会の構成員すべてに神聖で平等な価値を認める平等性の主張は、その後の人権思想や民主主義の形成に、根源的な基盤を提供することになった。

また、全信仰者祭司性の主張は、すべての社会の構成員に、霊的最高権威であった教皇にのみ認められてきた聖書解釈の権限を認めている。これは、人々が自ら考え、判断し、社会的なタブーを突破して、その意見を公に発信していくことを正当化する根拠として機能した。実際に、ルターに共鳴した一般の信徒たちが、女性も含めて、神学的議論に参加し、宗教改革を支持するパンフレットを執筆し、出版する動きが少なからず存在した。例えば、バイエルンの貴族出身のアルギュラ・フォン・グルムバッハの名前を挙げることができる。彼女は、ルターの思想を受容し、一五二三年という早い段階で自ら宗教改革的な立場を擁護するパンフレットを執筆した女性ライターである。その活躍は短期間ではあったが、ルターの平等思想がいかに解放的な影響を及ぼし得るものであったのかをよく示している。

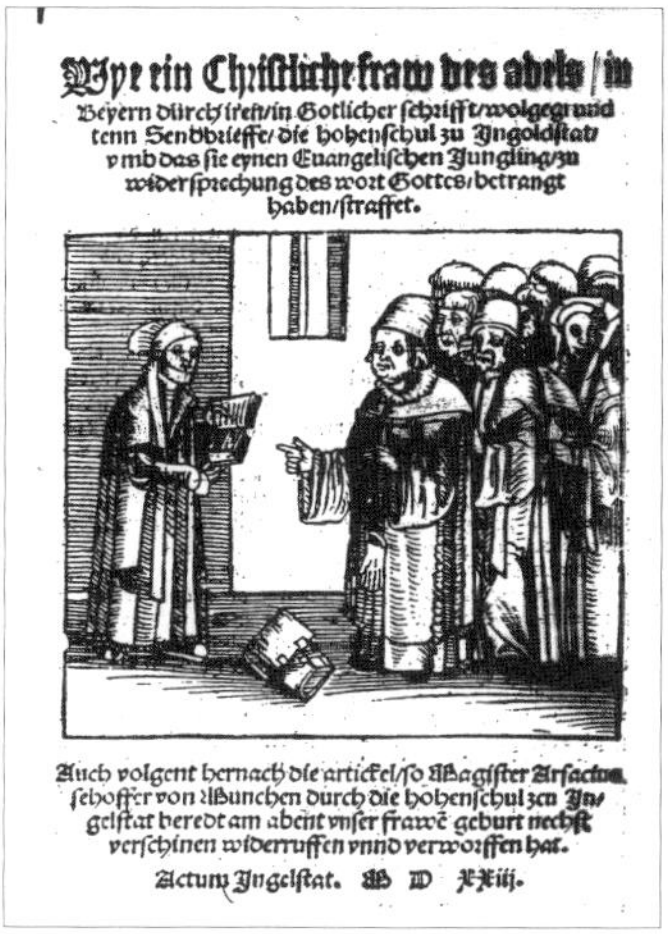
Wye ein Christliche fraw des adels / in Beyern durch iren / in Gotlicher schrifft / wolgegrundtenn Sendtbrieffe / die hohenschul zu Jngoldstat / vmb das sie eynen Euangelischen Jungling / zu widersprechung des wort Gottes / betrangt haben / straffet.

Auch volgent hernach die artickel / so Magister Arsacius Sehoffer von München durch die hohenschul zeu Jngelstat beredt am abent vnser frawē geburt nechst verschinen widerruffen vnnd verworffen hat.

Actum Jngelstat. M D XXiij.

「インゴルシュタットの大学教授に聖書を説くアルギュラ・フォン・グルムバッハ」（1523 年）

その際、活版印刷術が重要な役割を担ったことは確かである。活版印刷術は、自分が表現したい事柄を、素早く、安価に、そして広範囲に伝達する手段を用意した。しかし、この技術と手段に魂を吹き込んだのは、宗教改革的な思想であった。これは特に、一般の信徒たちが、自らが信じるところを表現する権利をもつことを知り、またそれを表現する自由を求め、活版印刷術という手段を用いたときに妥当する。彼ら彼女たちは、自分たちの行動がルターの宗教的な平等の精神によって正当化されていると考えることができたからである。

ルターの思想や実践が、思想・信条の自由、表現の自由といった近代の基本的人権の思想とそれを保障する法的制度に一直線に結びつくものではないことは明らかである。しかし、それ以前にはなかった、そして後々の時代にまで深く影響を及ぼす、宗教的に基礎づけられた新しい平等と自由の精神がここに登場している。私たちは、宗教改革の歴史の中に、その宗教的な深みから、個人の信仰とその表現の自由を要求し、実践した人間の生き生きとした姿を見ることができる。

キリスト教的な人間の自由

ルターは、『教会のバビロン捕囚』(一五二〇年十月出版)で中世的なサクラメント理解を「バビロン捕囚」と呼び、それに対する本質的な批判を行い、その呪縛からの解放を強く求めた。そのような批判を含め、一五二〇年代のルターによる著作は、従来の救済理解と教会理解の根幹を揺さぶるものであった。ルターのローマ批判は、当時のドイツの人文主義者、騎士、貴族たちの反ローマ的感情に共鳴するところがあり、そこにルターの著作が広く受容される土壌があった。しかし、ルター自身の思考の中心が政治的な反ローマ主義にではなく、真にキリスト教的な人間の実現にあったことは、一五二〇年十一月に印刷された『キリスト教的な人間の自由』によく示されている。一五二〇年十月には、ルターの手元に破門威嚇勅書が届いており、その時点で、ローマとの平和的な解決の可能性がないことは明らかになっていた。これにより、水面下で事態を穏便に解決する可能性を探っていた教皇庁の使いとルターとの交渉も、ルターにとっては、ローマの側から翻されたようなものであった。それにもかかわらず、ルターは、以前に取り決められたように、穏和な筆致で彼の改革に対する真意を表明する小冊子を執筆し、ラテン語版には、教皇への献呈辞を付した。これもまた、ルターの自由な態度を表していると言えよう。

ここで、この小冊子のタイトルをめぐる議論について、少し触れておきたい。なぜなら、その議論を通じて、ルターがこの小冊子に込めた思いをよりよく理解できると思うからである。ルターはこの小著に『キリスト教的な人間の自由』(Von der Freiheit eines Christenmenschen) という表題をつけている。そして、第一節を「キリスト教的な人間とは何であるか」という読者への問いかけによってはじめている。ルターの時代、共同体の成員のだれもが幼児洗礼を受けており、キリスト教徒と呼ばれ得た。キリスト教徒であることが当たり前の時代である。しかし、ルターはあえて、人間が「キリスト教的」であること、あるいは、「キリスト教的な人間になる」ことが、どのような事態を意味しているのか、自覚的に問い直しているのである。

また、先ほど取り上げた『ドイツのキリスト者貴族に与える書』のタイトルは、より正確には、「キリスト教的な身分の改善についてドイツのキリスト教的な貴族に与える書」(An den Christlichen Adel deutscher Nation von des Christlichen Standes Besserung) と訳せるものである。その題名に、「キリスト教的」(christlich) という言葉が二度も使用されていることは、ルターの特別な関心をよく表していると思われる。すでに見てきたように、ルターは、聖職者を意味する霊的身分と世俗的身分という質的な区別を職務という機能的な観点からの区別に限定した。そして、一つの洗礼、一つの福音、一つの信仰のみが、人間を「霊的で、キリスト教的な民」とすると主張していた。つまり、「キリスト教的な」人間とは何かを問うことは、教皇を頂点とする聖職者の身分のみが「霊的」であると見なされてきたキリスト教会、及びそのような区別を前提とした社会を根本的に問い直すことでもあった。このようなルターの関心に基づいて、一般に「キリスト者の自由」と訳されてきたルターの代表作を本書では「キリスト教的な人間の自由」と訳している。ただし、私は、「キリスト者の自由」という表記が間違っていると考えているわけではない。なぜなら、それもまた、ある意味でルターの意図を反映していると考えることもできるからである。同じ一五二〇年に出版された『ローマの教皇制について』というドイツ語の著作の中で、ルターは次のように語っている。

『キリスト教的な人間の自由』
表紙、1520 年

> すべての身体的共同体はそのかしらに由来する一つの名前をもっており、(中略)キリスト教界〔Christenheit〕もまた当然ローマ的とかペトロ的とか、あるいは教皇的と呼ばれるべきであろう。では、なぜキリスト教界と呼ばれるのか? なぜ、私たちは、なお地上にありながら、私たちのかしらによってキリスト教徒

〔Christen〕と呼ばれるのであろうか。それによって、キリスト教界にとって、地上にキリスト以外の他のいかなるかしらもいないことが示されるためである。なぜなら、キリスト教界は、キリストに由来する他のいかなる名前ももたないからである。（WA 6, 295, 3－9）

ここでルターは、「キリストのみ」をかしらとするという理由から、„Christenheit“という言葉がキリスト教的な世界全体を表現する言葉として相応しいことを確認している。このようなテキストからも、ルターがこの時期に、「キリストとのつながり」に排他的に集中することで、「ローマ的」あるいは「教皇的」という表記、さらには霊的身分と世俗的身分を区別する人間観や教会観を超えていこうとしていたことが伺える。

また、ここで注目したいことは、ルターが、このような文脈においてかしらである「キリストとのつながり」という事態を具体的に„Christen“というドイツ語の響きの中に表現しようとしているということである。ルターは、キリストへの帰属というキリスト教的な人間の特性を、単に思想的な問題としてだけでなく、言語による表現形式の問題としても捉えていたのではないかと思われる。このような理解のもとで、「キリストに属する者」として「キリスト者」と表現するならば、ルターの意図に即した訳となる。このような歴史的・思想的文脈を考慮して、『キリスト教的な人間の自由』というタイトルの小著をルターが執筆していることに注目したい。

自由と愛

キリスト教的な人間とは何であるか、そして、キリストがその人のために獲得し与えた自由とは、どのよう

な性質のものであるか。（WA 7, 20, 25－27）

このような問いかけによって、ルターは、『キリスト教的な人間の自由』の本文をはじめている。キリストが「獲得し与えた自由」と書かれているように、ルターにとっての自由の問題は、人間に備わった能力に基づく選択の自由ではなかった。それは、キリストとの関係の中で与えられる自由であり、受動性を出発点とした主体的な態度を意味していた。受動性と主体性は、一見、対立する二つの態度を表しているように見えるかもしれない。しかし、ルターが語り、また生きた自由は、神の前における人間の受動性を土台として成立する自由であった。ルターは、それをキリスト教的な人間の自由と呼んでいる。この自由に基づく人間の実存的状態をルターは、冒頭の二つの命題によって表現している。


キリスト教的な人間は、すべてのものの上に立つ自由な主人であって、だれにも従属しない。

キリスト教的な人間は、すべてのものに仕える僕であって、だれにでも従属する。（WA 7, 20, 1－4）

ルターは、この二つの命題を「互いに相反する命題」と述べている。ルターにもいろいろと言い分があるとは思うが、結論として、この二つの命題は互いに矛盾するものではなく、むしろ、信仰義認に規定された人間の実存的状況を自由と奉仕、あるいは自由と愛という視点から見事に統一的、包括的に語った命題であると言える。

そして、『キリスト教的な人間の自由』の内容は、この二つの命題に従って構成されている。第一部（3－18

節）では、ルター自身の表現によれば、「内的な人間」について、第二部（19―29節）では「外的な人間」について論じられている。前者では自由もしくは信仰について、後者では愛もしくは奉仕について述べられている。また、第一部では他者である神との関係が、第二部では他者である隣人との関係が問題になっていると見ることもできる。人間は常に他者との関係性の中に生きる存在であり、ルターは、そこに二つの根源的な関係性を見ている。つまり、垂直的な神との関係性と水平的な隣人との関係性である。この構造は、神と隣人との二つの関係性を基盤とした聖書的な人間観の基本構造に対応している。例えば、旧約聖書の十戒、イエスによる主の祈り、さらには、イエスが律法の中で最も重要であると見なした神愛と隣人愛という二つの掟にも、共通した構造が見られる。

第一命題では、神との関係性である垂直の次元が問題となっていることになる。ルターの理解した神と人間の関係性の内実が、受動的な義あるいは関係から質が生じる神の愛にあることとは、これまで見てきたところである。それは、神による無償の受け入れを約束する福音としての神のことばを受け容れる信仰に基づく関係である。このように神の義が信仰によって受動的に受容されるとき、人はもはや自分自身の存在を自分自身の行為や質によって正当化しなければならないような、能動的義の世界の強制状況から解放される。これが、ルターが経験した信仰義認とそこから現れるキリスト教的な人間の自由であった。それゆえ、第一命題が主張する自由は、神への徹底した受動性を土台として成立するものである。『キリスト教的な人間の自由』の中で、ルターが、キリストと信仰者との関係を花婿と花嫁の関係に喩えている箇所がある。この喩えは、神への受動的な関係性は、単なる従属性ではなく、神の無条件の愛に始まり、それに人間が信仰によって応答する人格的な愛の関係として捉えられていることを示している。このような愛の関係性の中で成立する自由がここで問題となっている。

これまでの章で述べたように、能動的な義の世界は、最後の審判を究極的な定位点として、神の裁きに耐えうる自己の価値や存在根拠を、宗教的な功績によって証明しなければならない世界であった。修道制における禁欲的行為、巡礼や施与行為、そして贖宥状《しょくゆう》の購入は、その手段としてルターの時代に用いられた外的なものの典型であった。能動的な義の宗教性の問題の本質は、その手段が何であるかということではなく、むしろ、自分の功績によって、それが不可能であるにもかかわらず、自己の究極的な存在の根拠あるいは価値の獲得を強制することによって人間を呪縛することであった。こうして、能動的な義の宗教性は、人間に備わった救いに関わる能力としての自由を語るのではあるが、内実、人間が価値を付与した外的なものに依存させ、従属させる。

ルターは、このような宗教性を徹底的に批判している。ルターが語る受動的な義の宗教性は、恵みの神への徹底した受動性からはじまる。それにもかかわらず、否、むしろ、そのような赦し愛される関係の中ですでに義に相応しい者とされていることを信仰によって知っているがゆえに、自己の救いの根拠を求める仕方でこの世界と関わることから自由にされる。それが、制度であれ、権威であれ、宗教的なものであれ、世俗的なものであれ、もはや、その人は、何によってもその存在を脅かされることのない自由を獲得していることを知っている。「キリスト教的な人間は、すべてのものの上に立つ自由な主人であって、だれにも従属しない」のである。

次に、隣人との関係性について述べた第二命題を見てみよう。この命題は、他者に対する従属について述べているが、あくまで自由な主体として隣人に奉仕するのであって、その意味で、この命題もまた、キリスト教的な人間の自由を土台にして語られている命題である。ルターが、『キリスト教的な人間の自由』の第二三節で、「良い木が悪い実を結ぶことはなく、また、悪い木が良い実を結ぶこともできない」（マタイ７・18）という新約聖書の聖句を引用し、まずは、人格が義とされ自由にされる必要があることを指摘するとき、まさにこの土台について確認しているのである。

善い義しい行いが善い義しい人をつくるのでは決してなく、善い義しい人が善い義しい行いをする。

（WA 7, 32, 5－6）

神の恵みに基づく救いの約束を信仰によって受け容れるとき、人は、自分の救いのためという宗教的に動機づけられたあらゆる行為から自由にされる。そして、ルターによれば、信仰によって義とされ、自由とされた人格から生じる行為の基準は、いまや自分の魂の救いではなく、「隣人にとっての必要」である。

そして、キリストが私のために［キリストと］なられたように、私も、私の隣人のために一人のキリストとなりたいし、隣人にとって必要であり、有益であり、至福を与えるものとなるように思えること以外には何も行いたくない。私は、私の信仰によりすべてのものをキリストにおいて十分に持っているからである。

（WA 7, 35, 34－36, 2）

第二命題は、隣人への無償の奉仕の精神について述べたものであるが、それは、自分のものを追求することから自由にされた人間が、主体的に行う自由な奉仕、隣人への愛の行為について語ったものである。「だれにでも従属する」とは、隣人愛の基準が「自分のため」ではなく「隣人のため」であることを意味している。繰り返しになるが、それは、自分のものを求めず、「隣人のため」に行動できる自由を表現しているのである。こうして、『キリスト教的な人間の自由』の二つの命題は、一見、矛盾しているように見えるかもしれないが、その結びつきによって自由が制限されるのでも、愛が弱められるのでもない。むしろ、ルターが認識し、経験したところのキリスト教的な人間の自由がもつダイナミズムが、この二つの命題によって包括的に表現されているのである。そのことを、ルターは第三〇節で、次のように述べ、本著作を結んでいる。

キリスト教的な人間は、自分自身においてではなく、キリストと自分の隣人とにおいて、すなわち、キリストにおいては信仰によって、隣人においては愛によって生きる。彼〔キリスト教的な人間〕は、信仰によって、自分自身を超えて高く神へと昇り、愛によって神から再び自分自身の下へ降り、それにもかかわらず、いつも神と神の愛とにとどまっている。（WA 7, 38, 6–10）

ルターが、『キリスト教的な人間の自由』の中で述べた、宗教的動機づけから解放された隣人愛の理解は、彼の時代の隣人愛の行為の思想的基盤を大きく変化させることになった。その具体的な社会的影響については、本書の第6章で、近代的な社会福祉の原型とも言われる宗教改革的な救貧制度に注目する際に詳細に見ることにして、ここでは、もう一度、一五二〇年の歴史の舞台に戻り、ルターの行動を追ってみよう。

ルターの破門とルターによる破門

ライプツィヒ討論会の数週間前に、スペインのカルロス一世が、神聖ローマ皇帝カール五世として選出された。彼は、厳格な正統主義者として、異端を容認する余地をもたない人物であったため、ルターにとっては不利な状況となった。このような政治的状況の変化から、教皇はザクセン選帝侯に配慮する必要がなくなり、ルターに対する破門威嚇勅書「エクスルゲ・ドミネ」を公にし（一五二〇年六月十五日）、著書の焼却と、ローマへの六〇日以内の出頭をルターに命じた。ちなみに、破門威嚇勅書には、ルターと共に、カールシュタットら六人の名前が破門の対象として記されていた。

ヴィッテンベルクにこの勅書が届いた約二か月後の一五二〇年十二月十日、ルターは、学生や支持者たちと共に、教会法とこの勅書を広場で燃やした。この勅書は、ローマ教会と、そして教皇との決定的な断絶を意味していた。

ゲッティンゲンの歴史神学者、トーマス・カウフマンは、この出来事を、ローマ教会の破門に対抗するヴィッテンベルクの宗教改革者たちによる「ローマ教会に対する破門」として説明している。それは、ヴィッテンベルクの宗教改革者たちが、後戻りができない場所に立っていること、そして、いまやローマを中心とした教会とは

「エクスルゲ・ドミネを焼くルター」
（木版画、1557 年）

異なる、新しい教会の形成がはじまることを意味している。勅書だけでなく、教会法を燃やしたということは、破門勅書の有効性を保証する教会の法システム自体をも否定したことを象徴的に示している。ここに、宗教改革運動における重要な転換点を見ることができるであろう。現在のヴィッテンベルクには、この日の出来事を記念して、破門威嚇勅書が燃やされた場所に、樫の木が植えられている。

本章のはじめに指摘したように、教皇の勅書に従って、ルターがローマに召喚されるということは起こらなかった。一五一八年のアウクスブルクでの審問と同様、今回もドイツで審問を受けることになった。今回の場所は、ヴォルムスの帝国議会である。

二週間の旅路を経て、ルターは、一五二一年四月十六日にヴォルムスに到着する。そして、その翌日の午後に、本会議の行われていた市役所ではなく、皇帝の滞在先である司教館で、皇帝と諸侯の前で喚問を受けている。ルターは、第一に、提示された著作が彼自身のものであることを問われ、第二に、それらの著作の主張を撤回するよう求められた。

ルターは、それらが彼の手によるものであることを認めるが、第二の問いについては、熟慮する時間を求めた。そのような態度を取るルターに対して、ただ撤回するための召喚であることが告げられるが、一日の猶予を与えられることになった。そして、次の日、再び喚問で主張の撤回が求められたとき、ルターは次のように答えた。

聖書の証言か明白な理性によって反駁されないならば、私は、私が引用した聖書のことばに服します。私は教皇も公会議も認めません。それらはしばしば誤りを犯してきましたし、互いに矛盾していることは明白だからです。それゆえ、私の良心は神のことばに捕らえられています。私は何も取り消すことはできないし、取り消すつもりもありません。なぜなら、良心に反したことをするのは、確かなことでも誠実なことでもないからです。神よ、私を助けたまえ。アーメン。（WA 7, 876, 11－877, 6; 838, 4－9）

この審問後、ルターを異端として遅延なく訴追することが確認されたが、旅路の安全保証が与えられていたため、ルターは、四月二十六日にヴォルムスを旅立つことができた。五月四日、旅の途上で、ルターは突然にザクセン選帝侯が秘密裡に差し向けた騎士たちに「襲われ」、ルターだけが連れ去られた。巷では、ルターが殺されたという噂が広まったが、実際には、計画通り、ヴァルトブルク城にかくまわれ、再び公の場で活躍できる時を待っていた。

政治的には、それから間もなく「ヴォルムスの勅令」が出され、ルターの帝国の保護外への追放、ルターの著作の禁止等が決定された。しかし、勅令の実施は、それぞれの領土を治める諸侯たちの責任であり、ルターは、ザクセン選帝侯の判断によって守られていた。また、ルターの著作の需要は衰えることなく、ますます読者を増やしていったのである。

現代への問いかけ――良心の自由を想起する

二〇一七年の宗教改革五〇〇年に向けて、ドイツ福音主義教会が公にした『義認と自由』というテキストがある。約一〇〇ページの小冊子で、宗教改革の中心的テーマである信仰義認について、現代の人々に分かりやすく説明することが試みられている。この小冊子の最後の第三章では、記念と想起の文化についての短い考察が行われている。その際、想起され、繰り返し語られるべき宗教改革的出来事の一例として、ルターがヴォルムス帝国議会で皇帝と諸侯の前で「良心の自由を訴えた出来事」が筆頭に挙げられている。そして、このルターの歴史の舞台への登場が、普遍的な良心の自由を基本価値とする近代的自由の歴史の一部であることが強調されている。つまり、宗教改革を記念することは、キリスト教、その中でもプロテスタンティズムの源泉を記憶するだけでなく、近代ヨーロッパの基本価値の源泉を歴史的に想起することでもあると。しかし、ルターと近代に制度化された民主主義や人権思想とを結びつけることで、ルターと宗教改革の現代的な意義について十分に語ったことになるのであろうか。自分たちの所属する宗教が近代世界の形成に決定的な役割を担ったことを知ることは、自分たちを近代的な人間として認識させる出来事として、プロテスタント教会内部の人々を非常に満足させるかもしれない。しかし、現代にとっての意義を考える場合には、歴史の中の自分たちにとって都合のよいものだけを想起して結びつけるだけではなく、むしろ、都合のよくないものや反省すべき出来事をも想起する必要があると思う。

確かに、ルターの「良心の自由の主張」の根底には、世界の外的な生の条件によってではなく、神の前に究極的に承認を見出す信仰義認に基づく宗教的で内面的な自由の経験とその確信がある。この宗教改革的な信仰の経験と神学的な反省という特殊な経験を核として、一五二一年四月十八日のヴォルムス帝国議会で、政治的権力とその機関に対抗する個人の良心の自由が、傑出した仕方で公に示された。言い換えれば、ルターが、良心という人間学的な場所を、社会的次元や道徳的次元を超えて、神の前で自己が問われる場所として経験していることが、その時代の社会的・道徳的規範、さらには政治的権力に対してさえ批判的になり得る良心をもった個人の出現の根底にあるということである。

しかし、この出来事が直接的に、近代の民主主義や人権の制度に帰結するわけではない。ドイツ・プロテスタント諸都市の市民社会形成への努力、また、スイス、オランダ、イギリス、そしてアメリカ合衆国へと伝播していくプロテスタンティズムのさらなる展開と影響、そして民主主義や人権思想の制度化といった歴史的発展を省察する必要がある。これでも、現代的な意義を考える上で十分ではない。むしろ、そのような想起の行為が、プロテスタンティズムの正当化と影響力の拡大を目的として行われるとき、宗教改革の神話化を繰り返すことにもなるのではなかろうか。

それゆえ、ヴォルムスのルターを想起する際、同時に次のことが想起されるべきだと考える。すなわち、個人が固有の信仰をもつ自由としての良心の自由が、プロテスタント教会の誕生と形成のはじまりに主張され、そこにプロテスタント的なアイデンティティが求められるにもかかわらず、歴史の中で、いかにプロテスタント教会が他の信仰に不寛容であり、また、いかに宗教改革的な良心の自由の信条を裏切ってきたか。

過去の失敗を反省することなく、現代的な課題に積極的に貢献することはできない。例えば、二十世紀ドイツのプロテスタント教会は、国家に対抗する良心としてではなく、国家と人種主義にアイデンティティ形成の源泉を求め、暴力を伴う不寛容の実践を支持する側に立った。できれば思い出したくない過去であるかもしれないが、この過去を真摯に受けとめ、克服する努力をしなければ、宗教改革的な良心の自由を誇る資格はないであろう。特に、現代は、人類の平和共存の未来のために宗教間の相互寛容が喫緊の課題として求められている時代で

「ヴォルムス帝国議会でのルター」

あり（U・ベック）、宗教改革の想起は、この課題にどのような意義をもっているのかが問われている。

ルターの信仰義認と自由の経験は、信仰による経験に規定された特殊なものであるため、それは、信仰をもたない人にとっては意味がない、という意見もあるかもしれない。信仰義認に基づく人間理解が、現代社会に生きる人間に対するいかなるメッセージをもっているかについては、先行する章で考えてみた。それを、自分の実存的な体験とするかどうかは、一人ひとりの態度と決断にかかっている。しかし、そのような特殊な経験に基づきながらも、ルターによる神との直接性に支えられた良心の自由の表明が、その後の時代に、互いに異なる思想信条をもつ者同士が社会的・政治的に共存するための議論や制度化の発端になったという意味において、世界史的意義をもっていると考える。ただし、ルターのヴォルムス帝国議会における主張は、彼個人の信仰を維持し、生きることの自由を求めたものであるが、後の彼の態度から明らかになるように、彼自身は、彼とは異なる信仰理解に対する不寛容な態度を保っていたという問題が残っている。

それゆえ、今日の私たちは、ルターの良心の自由の精神をより徹底させ、固有の信仰をもつ自由が、異なる信仰をもつ自由、さらに言えば、信仰をもたない自由をも前提としてはじめてその実質的な意味を獲得する、ということを確認する必要がある。ルターの良心の自由の主張は、新しい教会の成立、そしてヨーロッパのキリスト教に多様性の時代を招くことになるが、それは、新しい宗教的不寛容の時代のはじまりでもあり、その克服の歴史のはじまりとも言える。今日の基本的人権の理解によれば、社会的・道徳的規範や政治的権力に対抗する神の前にある良心に基づいて、あるいはそれに代わる究極的な原理の前にある良心において、何かを信じ、また信じないことを維持することはだれにでも開かれた可能性であり、権利である。そのような良心をもつ個人同士の共存が保障されることは、平和な世界の実現のために不可欠である。

ヴァイマール版ルター全集に収録されたヴォルムス帝国議会のラテン語版の報告では、先に引用したルターの二日目の答えは、有名な発言「私はここに立ち、こうするしかありません。神よ、私を助けたまえ。アーメン」という言葉で結ばれている（WA 7, 838, 9）。これは、かなり早い時期であったとしても、後に付加されたものと考えられている。しかし、この文言がなかったとしても、ルターは、確かに「私の良心は神のことばに捕らえられています。私は何も取り消すことはできない」、と語っており、付加された文言は、そのようなルターの態度を人々の記憶に残る印象的な表現で伝えている。

「私はここに立ち、こうするしかありません。神よ、私を助けたまえ。アーメン」。このルターの言葉は、今日に至るまで、プロテスタント的信仰に堅く立つことを表明するスローガンの一つとして、繰り返し引用されている。同時に、この言葉は、プロテスタント教会が、いつ、どのようなときに、なぜ、良心の自由の精神から離れたのか、自己自身を問い直す言葉としても記憶されるべきであろう。さらに、グローバル化した今日の世界において、私たちは、国境を越えて、思想及び良心の自由を求める異質な他者と出会う。それゆえ、このプロテスタント的な遺産が、今日、異なる他者のものでもあることが認識され、相互の寛容と平和的な共存の方法が模索されることが必要とされている。このような反省と展望に立って、ヴォルムス帝国議会のルターが想起されるならば、それは内に閉ざされたものではなく、外に開かれた記念となり得るのではないだろうか。

歴史探訪――ヴォルムス

現在、人口約八万人のヴォルムスは、グーテンベルクの活版印刷術が発明された都市マインツからライン川沿いに約四〇キロ南下した場所にあり、歴史的に由緒ある都市である。少し南に足を伸ばせばフランスのストラスブールもそう遠くない。ヴォルムス駅から東側に出て、左右に商店のあるヴィルヘルム・ロイシュナー通りを五分ほど歩いて行くと、突き当たりにルターの記念碑がある公園にたどり着く。正面に六段の階段がある舞台の上には、たくさんの人物の銅像が立っている。それらの銅像に囲まれた中央のひときわ高い台座の上に右足を前に踏み出し、天を仰ぎ見る姿でルターが立っている。左手に抱えた聖

ヴォルムス

ヴォルムスの宗教改革記念碑

書の上に握り締めた右手のこぶしがのせられており、聖書に基づく改革への彼の固く強い意志を表現している。

ヴォルムスのルター記念碑の特徴は、宗教改革を推し進めた歴史上の様々な立役者たちの姿もそこに刻まれていることである。ルターの右斜め前にはザクセン選帝侯フリードリヒ三世、左斜め前には、その選帝侯とシュマルカルデン同盟を結成し、共にプロテスタント陣営を支援したヘッセン方伯フィリップ一世が立っている。ルターの右斜め後ろには同時代のドイツの人文主義者ヨハネス・ロイヒリン、左斜め後ろにはルターの若き同僚フィリップ・メランヒトンが立っている。前者はヘブライ語、後者はギリシア語による聖書研究を促進し、聖書に基づく宗教改革的信仰の形成に貢献した人物たちである。ヴォルムス帝国議会のルターは、一方で、近代の到来を予言するように、良心の自由を主張する個人としてその場に立っていた。しかし、他方で、彼がその歴史的瞬間を決して一人で成し遂げたのではないことをヴォルムスの記念碑はよく表している。ルターは、学問的・批判的精神を共有する仲間たちに支えられ、そしてまた、有力な世俗の統治者たちの擁護を受けながら、彼らしく、その信念に基づいて振る舞うことができたのである。

ルターに対して水平に並び立つこれら四人が同時代の支持者たちであるのに対して、ルターの台座の下部にルターと垂直の関係に位置する四人の人物たちは、宗教改革の歴史的な先駆者たちである。ルターの右前にフィレンツェのジロラモ・サヴォナローラ、左前にチェコのヤン・フス、右後方にリヨンのペトルス・ヴァルデス、左後方にイングランドのジョン・ウィクリフが座している。

聖ペーター大聖堂

ルターの記念碑がある公園から徒歩で南下していくと、マインツやシュパイヤーと並ぶ三大ロマネスク大聖堂の一つ、聖ペーター大聖堂がある。大聖堂の北側の広場には、かつて司教館が建っていたという。一五二一年の帝国議会の際に、皇帝カール五世は、この司教館に滞在していた。そして、ルターは、本会議場ではなく、この場所に呼び出され、審問を受け、人々の記憶に残る言葉を語ったと伝えられている。先ほど紹介した公園にあるルター像の台座の正面には、プロテスタント的良心を記念し、「私はここに立ち、こうするしかありません。神よ、私を助けたまえ。アーメン」、という言葉がドイツ語で刻まれている。

ヴォルムスは、宗教改革に深く関わる都市であるマインツとハイデルベルクの中間に位置しているが、これら二つの都市のように一般的な観光コースに入れられることはない。しかし、ハイデルベルク討論で深められた十字架の神学に支えられ、また、マインツを中心に成立した活版印刷術の力を借りて広く世に訴えた改革運動が、一五二一年にルターという一個人の良心における決断を通して、大きく時代を動かす世界史的出来事となっていった。その場所であるヴォルムスは、一五一七年のヴィッテンベルクに並ぶ重要な意味をもっている。そう考えてみると、ヴォルムスのルター記念碑が他の都市の記念碑に比べて、かなり大掛かりなものになっていることにも納得がいく。

ちなみに、ヴォルムスは、ワーグナーのオペラ作品の題材ともなった「ニーベルンゲンの歌」の舞台でもあり、また、最も古い時代からユダヤ人が居住していた地域でもある。十一世紀にはユダヤ人の会堂（シナゴーグ）が建設された。現在建っている会堂は、ナチス政権下の一九三八年十一月に起きた水晶の夜に破壊された後、一九六一年に以前の姿で再建されたものである。ルター記念碑から南西に五〇〇メートルほど歩いた場所に現存するユダヤ人墓地は、ヨーロッパの中でも最も古く、十一世紀に遡ると考えられており、一見の価値がある。

旧シナゴーグ

コラム

平和共存への長い旅

【アウクスブルク】

聖ウルリヒ・アフラ教会（カトリック）と聖ウルリヒ教会（プロテスタント）

カトリックとプロテスタントの教会がつながっている?

一五二一年のヴォルムス帝国議会において、ルターが良心の自由を求めた後、宗教改革にはじまる信教の自由や教派間の平和の問題は、その後どのように展開していったのだろうか。プロテスタントとローマ・カトリックの教会は、どのようにして異なる教派の共存を実現していったのだろうか。教派間の対立と対話の場所として特別な意味をもつドイツ南方の都市アウクスブルクに注目しながら、その歴史を辿ってみる。

アウクスブルク中央駅から東南に徒歩一七分ほど歩いたところに、ローマ・カトリックの聖ウルリヒ・アフラ教会がある。この教会堂には、南ドイツのバロック教会に典型的な玉ねぎのような形状の屋根をのせた九三メートルにもなる塔がある。しかし、この教会堂のユニークさは、この玉ねぎ頭ではなく、同じく玉ねぎ型の屋根のある塔をもったもう一つの小さな教会堂が北側の側壁から突き出すように建っていることである。これは、ルター派のバイエルン州教会に属する聖ウルリヒ教会である。つまり、カトリックとプロテスタントの教会堂が、

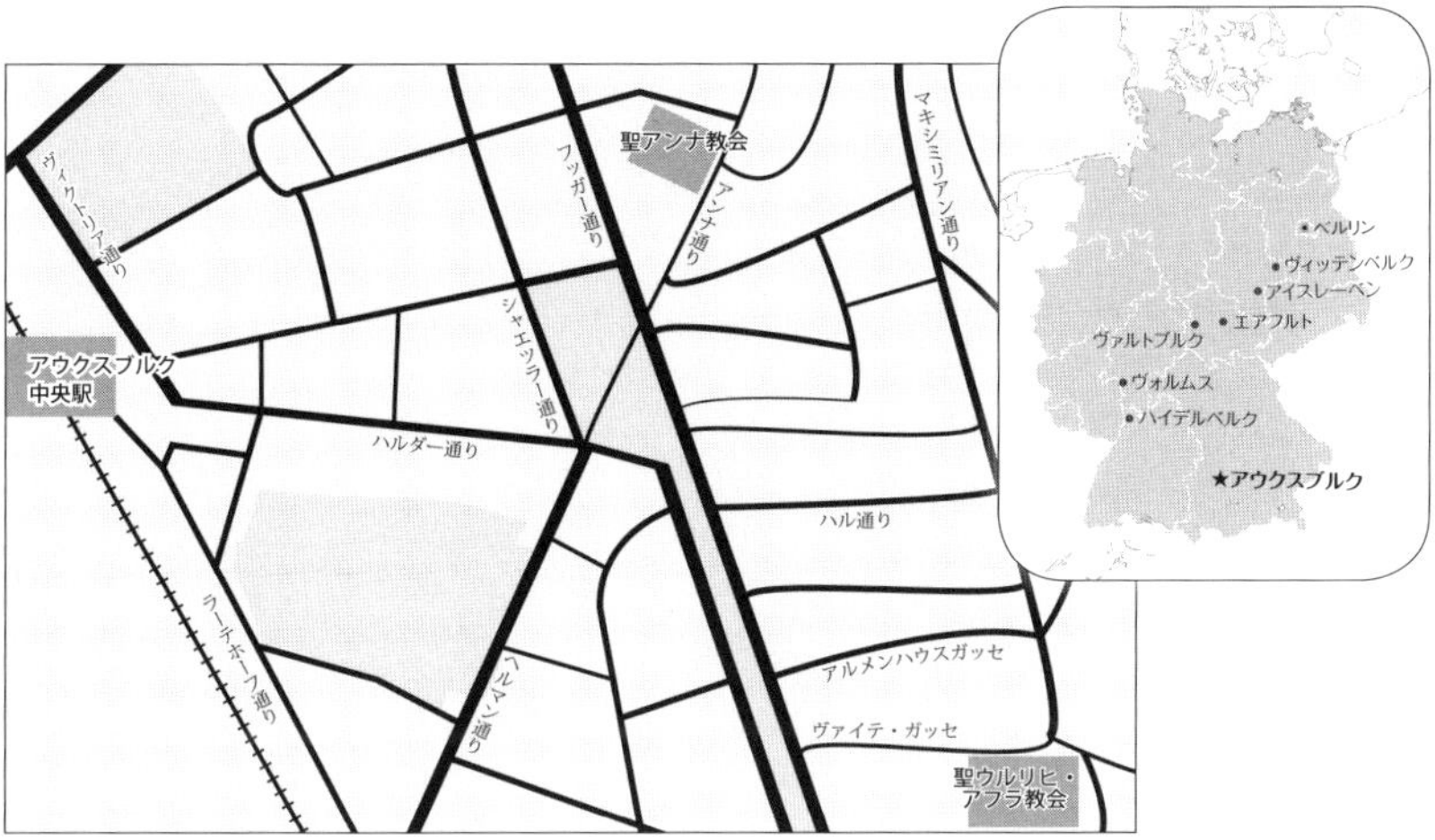

文字通り一体となって並び立っているのである。そして、この独特な教会のシルエットが、それにまつわる歴史と共に、アウクスブルクがキリスト教の諸教派間の対立、そして対話と平和を象徴する都市であることを唯一無二な仕方で表している。

ルターとアウクスブルク

アウクスブルクは、ルターが活躍したヴィッテンベルクから南に約五〇〇キロメートルも離れた場所にある。しかしこの都市において、宗教改革史上の多くの特筆すべき出来事が起こった。また、ルター個人にとっても関わりの深い場所であった。一五一七年に「九十五か条の論題」を公にしたルターは、その翌年の十月十二日からの三日間、ここアウクスブルクに召喚され審問を受けた。その間、彼は聖アンナ教会に隣接したカルメル会の修道院に滞在した。

ローマの教会を代表し、教皇権威に基礎づけられた伝統を優位とする枢機卿カエタヌスは、ルターに自説の撤回を求めた。しかしルターは、このときすでに聖書に基づかない主張を認めようとはせず、カエタヌスの怒りを買うことになった。ルターとローマの対立は、

1530年のアウクスブルク国会（銅版画）。
アウクスブルク信仰告白が提出された

アウクスブルクで明確となったのである。身の安全のため、ルターが、町人の手引きで、真夜中に密かにアウクスブルクの町を去ったという伝説がある。

アウクスブルクは、ヴィッテンベルクのような封建領主に属する領邦都市とは異なり、一二七六年以来、帝国直属の帝国自由都市であり、市政に対する一定の自由を有していたことが、宗教改革の積極的な受容につながった。一五二一年には、聖ヤコブ教会が、最初にプロテスタントの礼拝のために場所を提供し、一五二六年に聖ウルリヒ教会でプロテスタントの礼拝がはじめられた。

そして、一五三〇年六月にアウクスブルクに帝国議会を召集した皇帝カール五世は、帝国内のキリスト教の分裂を再び一致へと回復するために、プロテスタント陣営に、その神学的な立場を説明する機会を与えた。こうして、今日に至るまでルター派の教会の基本信条の一つとなっている「アウクスブルク信仰告白」が成立した。この信仰告白は、教派間の争いに終止符を打つことにはならず、むしろ、さらなる反論や議論を生じさせるものとなり、帝国における信仰の保証を勝ち取ることにはならなかった。確かに、認められるまでに時間が必要とされたのではあるが、後に、カトリックの独占に対する「もう一つ」の信仰形態を認める規準となる信仰告白がこの時に用意されたことは特筆に値する。

ルター自身は、この時、破門と帝国追放を言い渡された身であったため、アウクスブルクに入ることはできず、遠方のザクセン選帝侯領最南端の砦であったコーブルクで事態を見守っていた。そのようなルターと連絡を取りながら、同僚のフィリップ・メランヒトンが「アウクスブルク信仰告白」を起草した。

アウクスブルクの宗教平和

その後のアウクスブルクでは、同じ都市の中で、ローマ・カトリックとプロテスタントが並存する事態となった。ただし、一五三七年には、プロテスタントが優勢となり、カトリックの信仰が禁じられ、多くの聖職者たちが町から逃れるということが起こっている。逆に、一五四七年から翌年にアウクスブルクで開催された帝国議会で成立した「アウクスブルク仮信条協定」では、カトリック側の勢力が力を盛り返し、プロテスタント的実践が、全面的に禁止されることはなかったものの、大きく制約を受けることになった。このように、同じ一つの都市の中で、わずかな期間に宗教の勢力図が大きく変更されたアウクスブルクの歴史は、当時の帝国全体の不安定さを象徴している。このような帝国内の教派間の問題に一定の終止符を打つことを目的として、一五五五年九月二十五日のアウクスブルク帝国議会で「アウクスブルク宗教平和」が決議された。

「領主の宗教がその領地の宗教である」（cuius regio, eius religio）という言葉で後に知られるようになった新しい制度が導入され、ルター派の信仰が法的に認められることになった。この決議に、今日の宗教的寛容や共生の直接的な精神的源泉はないという指摘は間違ってはいない。この宗教平和では、一つの政治的共同体の中で宗教的な同質性を保つことで、教派分裂による混乱収拾が図られている。領主と異なる信仰をもつ者は、移住することが許されたが、それは容易なことではなかった。また、プロテスタント勢力の中でも、ルター派以外の教派、例えば改革派や再洗礼派のグループが認められることもなかった。

そして、「アウクスブルク宗教平和」以降も帝国内の政治的・宗教的に不安定な状態は続き、非常に多くの犠牲をもたらした三十年戦争（一六一八―一六四八年）が勃発した。この長期にわたる混乱に終止符を打ったのが、一六四八年の「ヴェストファーレン講和」である。この講和条約は、「アウクスブルク宗教平和」の内容を確認し、新たに改革派の信仰も認められることになった。相変わらず領主のみに改宗決定権が認められてはいたが、アウクスブルクのような都市では法的に複数の教派の並存が認められた。講和条約の一つであるオスナブリュック条約の中には、アウクスブルクの公的職務がカトリックとルター派の代表者によって公平に割り当てられるべきことやその権限を他教派の抑圧に用いてはならないことなど、異なる教派の平和的な共存を実現するための具体的な規定が記されている。

教派間の対立、平和、そして世界平和

ルターの宗教改革からどのような分裂や争いが生じ、また、それがどのような仕方で克服されていったのかを考えることは、私たちが生きているグローバル化した世界における平和共存の課題について考えることにつながっていく。宗教改革によって引き起こされた教派間の対立は、「アウクスブルク宗教平和」を経て、「ヴェストファーレン講和」によって一応の決着がついた。それは、今日で言うところの主権国家を枠組みとした政治

的な決着であった。

しかし、二十世紀の二つの大戦は――その記憶がいまや風化し、同様の問題が繰り返されるのではないかと危惧されるが――国家や民族を枠組みとした政治が、人類にいかなる惨禍をもたらし得るかを圧倒的に示した。その反省のもとに、第二次世界大戦後に、国際連合や欧州連合が設立され、国家や民族の境界線を越えた普遍的な価値を土台として、諸国家や諸民族が平和共存できる世界を目指してきた。異なる国家的、民族的、宗教的背景をもった者同士が、一つの地球の中に、さらには、一つの社会の中に隣り合わせに存在するグローバル化した世界に私たちは生きている。

そのような世界において、宗教は平和の源なのか、あるいは平和を妨げるものであるのか、という問いが立てられることがある。その際、「宗教」が何を意味しているのかという問いは残るが、歴史は両方の可能性を示している。キリスト教が平和を求め、平和を作り出すことを課題とする宗教であることを自認するならば、異なる宗教との平和共存、キリスト教内の他教派との平和共存、そして宗教に属さない他者との平和共存という、それぞれの関係における実践が問われる。そして、例えば、宗教間の相互理解に尽力する神学者H・キュンク（一九二八―　）や宗教間平和の方向性を模索してきた社会学者U・ベック（一九四四―二〇一五年）が指摘しているように、宗教間の相互理解と平和的共存の実践が、世界平和の実現に欠かせないのであれば、世界宗教であるキリスト教にも大きな責任がある。

対立の舞台から一致の舞台となったアウクスブルク

もう一度、宗教改革と、長い教派間の対立の舞台となってきた西方のキリスト教と、その現代における対話の努力に目を向けよう。一九九九年の宗教改革記念日である十月三十一日に、アウクスブルクの聖アンナ教会で、歴史的な出来事が起こった。すなわち、ルーテル世界連盟とローマ・カトリック教会の代表者が、「義認の教理に関する共同宣言」に署名したのである。正式なプログラムは、前日十月三十日のエキュメニカルな夕礼拝からはじめられた。会場は、聖ウルリヒ・アフラ教会で、両教派が共に集い、賛美と祈りが捧げられた。

著者は、当時ドイツのミュンヘン大学に留学していたこともあり、ローカル線でわずか数十分の距離にあるアウクスブルクに出向き、二日間にわたる記念行事に参加し、歴史的瞬間を体験することができた。調印式が行われた聖アンナ教会は、ルターの主張とカトリック教会の立場の対立が明確になった一五一八年の審問の際に、ルターが滞在した場所であった。対立を象徴する場所が、今や一致を象徴する場所になったのである。この日、共同宣言を通して、十六世紀に信仰義認の教えに関連して、カトリック教会とルター派の教会が互いに向けて行った断罪が、もはや今日の両教会には適用されないことが宣言された。その様子は、宗教改革以来の分裂を乗り越える歴史的出来事として、多くのメディアによって世界中に報道された。

ただし、この共同宣言に対して、ドイツ国内では一〇〇人以上のプロテスタント神学者が事前に反対の表明を行っていた。なぜなら、この宣言が、両教会を分かつ根本的な議論——例えば職制についての議論——を避けており、結果として本当の教会の一致に導く議論の道を閉ざすように見えたからである。そして、一致はそもそも何を意味しているのか、共同宣言における一致と教会の一致はどのように関係するのか、そして、この宣言から教会の一致のためのどのような具体的な帰結が導きだされるのかが問われた。教会政治を担う人々と大学で神学を営む人々との間に温度差が感じられた。

確かに、平和共存を確固たるものとするためには、多くの神学者たちが提起しているような教義や制度に関する議論を深めていくことが期待される。しかし、過去に互いに行った断罪が今日の相互の関係を妨げることがないということを認めることは、五〇〇年にわたる歴史の中で、深刻な対立を生み出してきた両教派が、いまや何よりも平和共存を求める態度を表明したという意味において、意義ある行為であったと考える。

「宗教改革五〇〇年」をどう祝うか？

二〇一七年の「宗教改革五〇〇年」は、そのような共同宣言の後に行われるはじめての宗教改革記念である。この記念を宗教改革の教会とカトリック教会がどのように共に祝うのかが注目され、すでに多くの議論が行われている。宗教改革の教会と言う場合には、ルター派だけでなく改革派、及び宗教改革に由来する様々な教派が含まれることを忘れてはならない。ドイツのプロテスタント教会史家H・レーマンは、宗教改革という歴史的出来事がそれぞれの教派にもたらした実りを改めて、そして積極的に確認し、共有すると同時に、宗教改革を契機に行われたそれぞれの教派による不義について謝罪を行うことが、二〇一七年に向けて建設的な一歩になるという提案をしている。そのような一歩を積み重ねていくことは、確かに、宗教改革五〇〇年を、一民族、一国家、一教派の祭りとしてではなく、未来につながる歴史的な出来事として共に祝うことの実質化につながるであろう。

ルーテル世界連盟は、二〇一〇年七月にシュトゥットガルトで開催した大会で、ルター派が十六世紀に再洗礼派（アナバプテスト）に対して行った迫害について公式に謝罪を行った。宗教改革とその後の宗教平和をめぐる歴史の中で、プロテスタントの主流派から迫害を受けながら信教の自由、良心の自由を守ろうとし、犠牲になった人々のことを想い起こし、その過ちを認める態度を通して、宗教改革の教会は、和解と宗教平和の歴史に主体的に参与することになる。二〇一七年十月三十一日をどのように祝うのかという問いは、こうして、今日に至るまでの五〇〇年の間、自由と平和を求め、多くの犠牲を払いながら積み重ねられてきた歴史に、私たちが隣人に対する謙虚さと誠実さを忘れずに、いかに主体的に参与するのかという実存的な問いとなる。

第5章 聖書を自分の言葉で読む

【ヴァルトブルク】

ヴァルトブルクのルター

ヴォルムス帝国議会はルターの主張を認めず、「ヴォルムス勅令」は、ルターの逮捕と著作の禁止を命じている。しかし、ルターは、ザクセン選帝侯による秘密裡に準備された脱出作戦により、ザクセン選帝侯領内に無事に戻ることができた。そして、しばらくの間は騎士ヨルグに扮し、かつてルターがエアフルト大学入学以前に通っていた聖ゲオルク学校がある、懐かしいアイゼナッハの町を見下ろすヴァルトブルク城に身を隠していた。

ヴァルトブルク城での一〇か月間は、一見、勅令によって公の場での動きが制限されたかのように見えるが、ルターの精力的な執筆活動にとっては、かえって大きなチャンスとなった。そして、その成果として誕生した聖書のドイツ語への翻訳は、だれもが自分で聖書を読み、考え、判断することができると主張する宗教改革の全信仰者祭司性の理念とその実現に確固たる手段を与えるものとなった。一般的に、ルターによる聖書のドイツ語訳がドイツ語圏における統一的な言語の形成に決定的な影響を与えたという点に、その「普遍的」な意義が見出されている。しかし、この出来事は、そこに前提とされた人間観とそれに基づく社会形成への影響という観点から、ドイツ語圏に限定されない意義をもっている。それゆえ、一五二二年九月のドイツ語訳新約聖書の出版は、歴史を動かす宗教改革的出来事の一つとして想起される。

聖書翻訳の歴史

古代教会とヴルガータ聖書

キリスト教の歴史は聖書解釈の歴史であると言われることがある。なぜなら、キリスト教は聖書を読み、解釈することを通して、自己とその使命を理解し、行為してきたからである。

しかし、歴史的に見ると、キリスト教史の中に、聖書正典の成立の歴史がまず含まれている。つまり、すでに成立していた教会の中で、何が聖書的な文書（正典）であるのかを議論し、選択し、その枠組みを規定してきたということである。新約聖書正典について言えば、三九三年のヒッポ教会会議で二七文書が正典として確定され、三九七年のカルタゴ教会会議でこの決定が公布された。古代教会の時代に、何が正典であるのか多様な意見と議論が存在した事実を確認しておくことは重要である。なぜなら、キリスト教史の中で、正典とは何かという問題が今一度取り上げられ、議論された場所が、宗教改革だったからであり、そこにも多様な意見が存在したからである。

もう一つ、聖書の歴史において重要なことは、翻訳の問題である。例えば、イスラームでは、ムハンマドが使

印刷工房の様子（1520年）

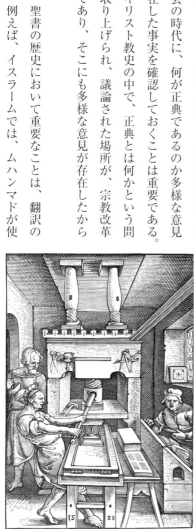

用した言語であるアラビア語の『クルアーン（コーラン）』のみを正典と認めている。それに対し、キリスト教では、早くから翻訳された聖書が認められてきた。その背景には、そもそも新約聖書が、イエスが使用したアラム語ではなく、ギリシア語で、つまり、翻訳された言語で書かれているという理由が挙げられる。使徒言行録2章の聖霊降臨の出来事では、最初の使徒たちが諸外国から集まってきた人々を前に、それぞれの「故郷の言葉」で神のことばを語ったと書かれているのだから、キリスト教は、初めから聞き手の言語を使用する運動であったと言えるであろう。

さて、ローマを中心とした西方に位置する教会では、四世紀の教父ヒエロニムスに遡るラテン語訳のヴルガータ聖書が標準となっていた。ルターの宗教改革に対抗して開催されたトリエント公会議（一五四五―六三年）は、ヴルガータ聖書がカトリック教会によって公認された権威ある聖書であることを再確認している。カトリック教会は、この会議以降に、ヴルガータ聖書の校訂を繰り返し行い、一九七九年に『新ヴルガータ』聖書が世に出されている。

宗教改革時代と聖書

現代世界の公用語の主流は英語となっているが、ルターの生きた時代のヨーロッパでは、ラテン語が教会や学問の世界における公的な言語であった。そのため、ラテン語の修得は、ルターが受けた初等教育の中心でもあった。ルターは、ラテン語で読み、書くことを覚えた。ルターが生まれる二八年前の一四五五年には、ヴルガータ聖書が、新しい技術である活版印刷術によって印刷され、『グーテンベルク聖書』として出版されていた。身近なところで聖書に触れる環境も、聖書を利用するために必要な語学力も準備されていた。

さらに、ルターが登場した時代には、真の人間形成のために新しい知識の源泉から流れを引き出そうとする、二つの注目されるべき精神的な運動があった。その一つは、ヒューマニズム、あるいはルネサンス人文主義と呼ばれ、「源泉に戻れ（ad fontes）」というスローガンのもと、ギリシアやローマの古典に人間性の理想を求める運動であった。特に、オリジナルの言語を用いて、自分たち自身でテキストを読み、自分たち自身の理解を獲得することを求めた。当時の人文主義者を代表するエラスムス（一四六六―一五三六年）は、新約聖書の複数のギリシア語写本を比較検討した上で、『校訂版ギリシア語新約聖書』を作成し、一五一六年に出版している。エラスムスは、そこに独自のラテン語対訳も付している。これは、ルターがヴィッテンベルク大学でローマの信徒へ

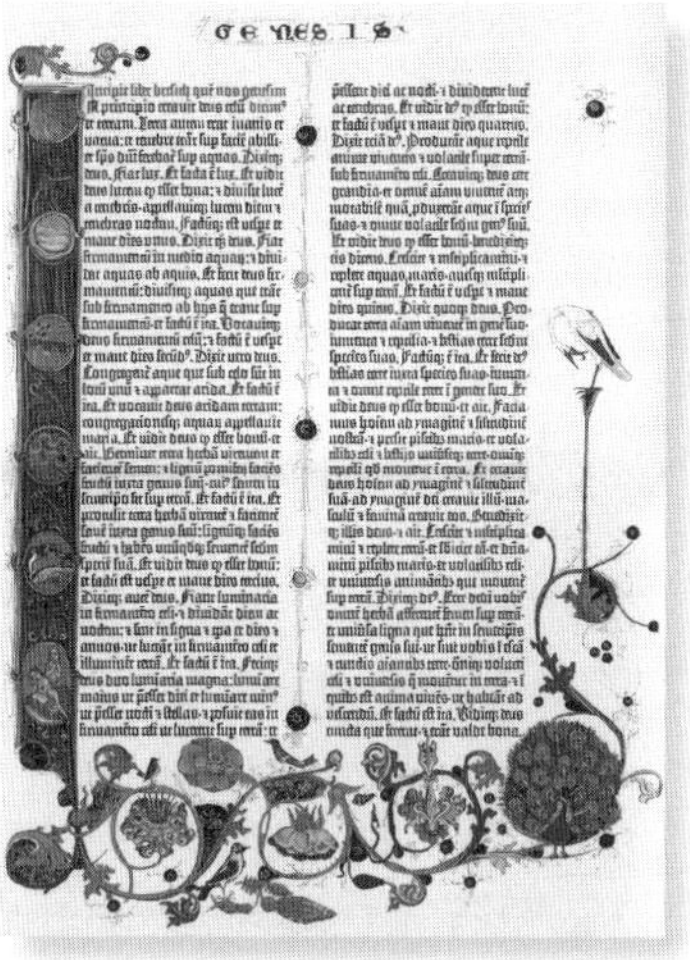
GENESIS

『グーテンベルク聖書』
創世記の最初の部分

IΩANNHΣ　ΦPOBENI

EPISTOLAE PAVLI APOSTOLI, AD GRAECAM VERITATEM ET VETERVM LATINORVM CODICVM FIDEM RECOGNITAE PER ERASMVM ROTERODAMVM SACRAE THEOLOGIAE PROFESSOREM.

ΠΑΥΛΟΥ ΤΟΥ ΑΠΟΣΤΟΛΟΥ Η ΠΡΟΣ ΡΩΜΑΙΟΥΣ ΕΠΙΣΤΟΛΗ

EPISTOLA PAVLI APOSTOLI AD ROMANOS.

PAVLVS SERVVS Iesu Christi, uocat9 apl's, segregatus in euãgeliũ dei, quod ante promiserat per pphetas suos, in scripturis sanctis de filio suo, q genit9 fuit ex semine Dauid, secũdũ carnẽ, qui declarat9 fuit filius dei, in potẽtia, secũdũ spiritũ sanctificatiõis, ex eo q resurrexit a mortuis Iesus christus dñs noster, per quẽ accepim9 gratiã & muneris aplici functionẽ, ut obediat fidei inter oẽs gentes, sup ipsius noie, quorũ de numero estis & uos, uocati Iesu Christi, omnib9 qui Romæ estis, dilectis dei, uocatis sanctis. Gratia uobis & pax a deo patre nostro, & dño Iesu Christo. Primũ qdẽ gratias ago deo meo, p Iesum Christũ, super oibus uobis, quod fides uestra annunciat in toto mundo. Testis eni meus est deus, cui seruio in spiritu meo, in euãgelio filij sui, quod indesinenter mentionẽ uestri facio, semp in orationibus meis deprecans, si quo modo tandem aliquãdo, prosperũ iter cõtingat uolente deo, a ut ueniã

エラスムス
『校訂版ギリシア語新約聖書』
（1516年）

の手紙の講義を行っている時のことであり、ルターの神学形成や聖書翻訳に少なからぬ影響を与えたと考えられる。エラスムスによる新約聖書の出版から一年後の一五一七年に、ルターは「九十五か条の論題」を公表している。人文主義と宗教改革の精神的運動が同時期に重なり合いながら、歴史を動かす力となっていたことが窺える。

もう一つの注目すべき流れは、「新しき信心（Devotio moderna）」と呼ばれる運動で、聖書講読を通してキリストの生涯を黙想し、その模範に倣うことを目指していた。その手引書として今日まで知られているものが、オランダのアムステルダムで没したトマス・ア・ケンピス（一三八〇頃―一四七一年）の著作とされる『キリストにならいて』である。特に注目されることは、この運動が修道院の壁の中だけでなく、世俗的な職業をもつ一般の信徒たちにも開かれ、担われた運動であったこと、そして、聖書を読むことを通して、キリスト教徒としての信仰と行為を形成することを求めたということである。

「新しき信心」の運動の中で設立された「共同生活兄弟団」は学校教育にも熱心で、オランダ南部にあるロッテルダム出身のエラスムスは、同じく南部に位置するスヘルトーヘンボスにあった寄宿学校で学び、その精神的影響を受けた一人である。ルターもまた、十四歳の頃に一年間通ったマクデブルクの学校で、「新しき信心」の流れを汲む教育を経験している。当時のヒューマニズムと宗教改革を代表する二人のいずれもが、若き日に「新しき信心」の息吹に触れており、信仰者のだれもが自分で聖書を読むことの大切さを、それぞれの仕方で主張する者となっていった。

では、ドイツ語の聖書はいつ頃から存在したのであろうか。一四〇〇年からルターが生まれた一四八三年までに、すでに一〇種類のドイツ語訳聖書が出版されていた。さらに、それ以降にも、ルターの聖書翻訳以前に八種類のドイツ語訳聖書が出版されている。つまり、ドイツ語訳聖書の出版とドイツ語で聖書を読む行為は、ルターが初めて導入したことではなかった。むしろ、最も熱心に自国語訳聖書が出版されていた地域に、ルターは登場し、宗教改革が起こったのである。そして、ルターのドイツ語訳聖書が、ドイツ近代史家Ｈ・シリングが指摘しているように、「プロテスタント的なプロフィール」とそれまでには達成できていなかった「統一した形式」をもたらしたのである。

宗教改革者たちと聖書

ドイツ語で聖書を読むことの要請

次に、宗教改革的プログラムの発信地となったヴィッテンベルクの中で、民衆の言葉による聖書と信徒による聖書講読について、どのような意見があったのか、初期宗教改革の議論に注目してみよう。

ドイツ語による聖書の必要性について、ヴィッテンベルクから発信されたプロパガンダとして最も早い時期の発言は、ルターではなく、アンドレアス・ボーデンシュタイン・フォン・カールシュタットによるものである。ヴィッテンベルク大学神学部長も務めたカールシュタットは、宗教改革初期に、ルターに共鳴し、彼と共闘した指導的な人物の一人であった。一五一九年のライプツィヒで開催された討論会では、ルターと共に、宿敵ヨハン・エックと討論も行っている（第４章参照）。

一五一九年初頭、このカールシュタットの考案に従って、クラナッハ（父）が「馬車」という一枚刷りの木版

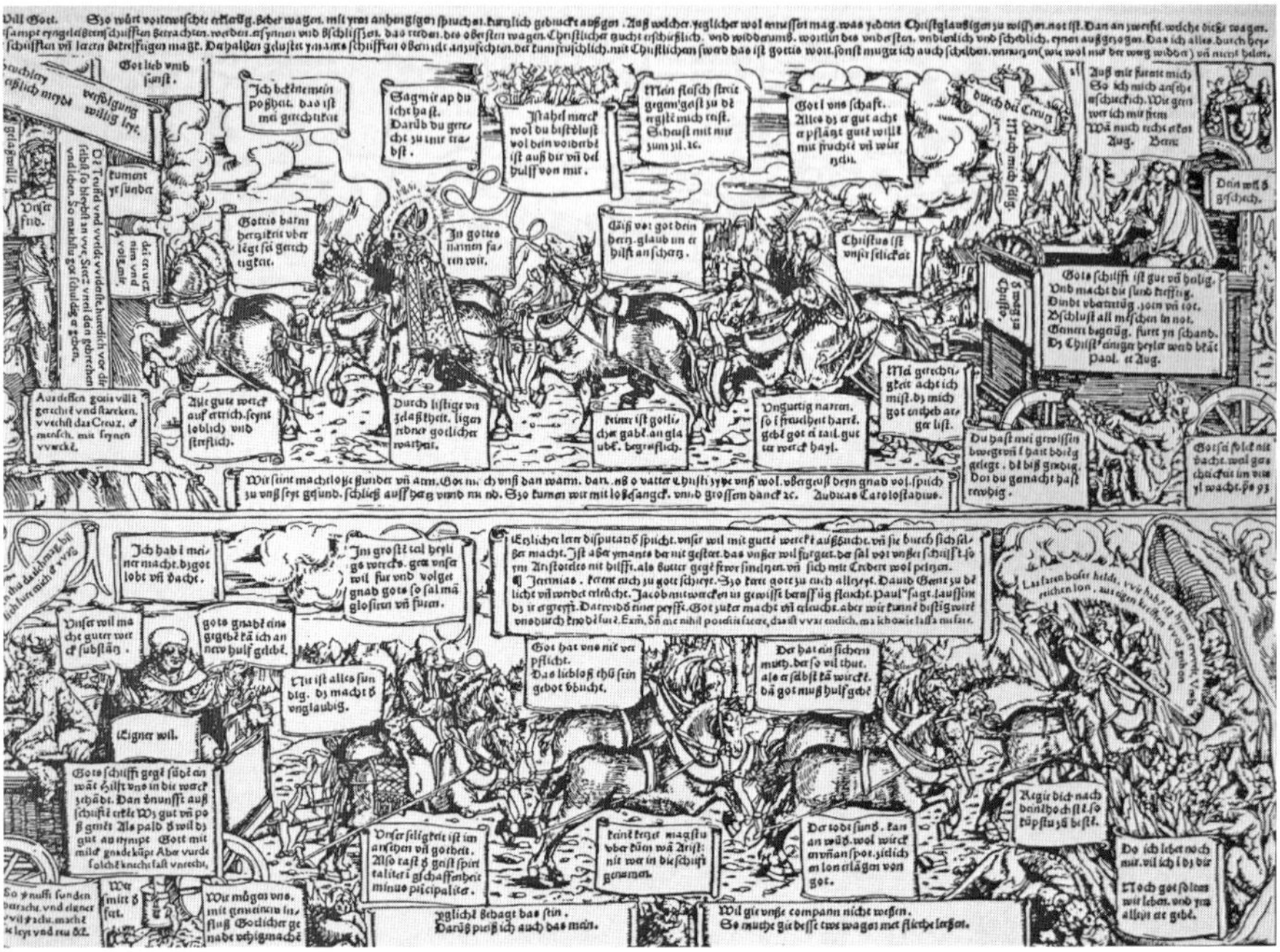

1519 年、クラナッハ（父）が作成した宗教改革陣営による最初のドイツ語木版画ビラ「馬車」。上段では、壮年の姿の模範的信徒が乗った馬車が左側の十字架とキリスト（救い）に向かい、下段では、中世スコラ神学を体現する修道士を乗せた馬車が右側の怪物の大きく開かれた口の中（滅び）に向かっている。

画ビラを作成している。また、カールシュタットは、同じ年に、この木版画に印刷された文字を説明したドイツ語パンフレット『解説』を出版している。この『解説』の中で、カールシュタットは次のように書いている。

> 聖書もまた、すべてのキリスト教徒のものであり、だれもが、毎日自宅で聖書を読み、また読まれるのを聞くことは、とても実りあることである。クリュソストモスが語っているように、職人がその道具を持っていなければ恥であり、キリスト教徒が聖書を持っていないことが、どうして褒められたことになるであろうか。

四世紀のギリシア教父クリュソストモス（三四四あるいは三四九―四〇七年）を例に挙げた、自宅での聖書講読の推奨は、だれもが自分の言葉で聖書を読めることを前提にしており、カールシュタットは、次のように読者に語りかけている。

親愛なる読者と聴衆のみなさん、聖書をドイツ語で提示することを中傷するべきではない。なぜなら、それが敵対する行為だとは思えないからである。

教会や学問の世界における公用語がラテン語であったということは、その世界における議論が、ある特定の読者や聴衆に限定されていたということである。識字率は高く見積もっても一〇パーセントと言われる時代に、ラテン語の教養をもった人々はさらに限定される。ライプツィヒ討論に登場したエックは、大学で議論される内容を理解力のない信徒に世俗的な言葉で伝える必要はないと主張した。このような考えが当時のエリートたちの間にはあったようである。それにもかかわらず、長年、大学に身を置いてきたカールシュタットは、民衆にドイツ語で語りかけることの重要性とドイツ語の聖書の必要性を認識し、その考えをヴィッテンベルクの宗教改革者たちの中で最も早い時期に公にしたのである。

ヴィッテンベルクと聖書主義

ヴィッテンベルクの中で、すでに早い時期から聖書をめぐる様々な議論が存在していた。その中で最も重要な議論は、権威をめぐる問題であった。つまり、キリスト教的な教えは何によって権威づけられているのか、その確かさは何に基づいているのか、という根本的な問題である。そして、その発端が、一五一七年のルターの「九十五か条の論題」にあったことは確かである。この論題に対する論敵エックの批判が行われ、そこから両陣営の共闘者たちを巻き込んだ議論が起こっていったのである。エックを代表とするルターの敵対者たちは、「九十五か条の論題」が特に教皇の権威を攻撃していると考え、様々な論戦を仕掛けてきた。

ヴィッテンベルクの改革者たちは、この攻撃を、ルターに対するものだけでなく、同時に、ヴィッテンベルク大学やザクセン選帝侯への攻撃と理解した。例えば、カールシュタットは、一五一八年五月九日付けのルターを擁護する論題集の中で、「聖書を擁護し、私たちの名誉を守るため」に反論する仕事を引き受けると述べている。そして、カールシュタットが、この論題集の中で、それ以降のヴィッテンベルク陣営の聖書原理に決定的な影響を及ぼす主張を提供したことは、すでに第4章で述べた。

議論を繰り返すことで、ヴィッテンベルクの宗教改革陣営の中で、聖書に基づいてキリスト教界の改革が行われることが必要であるという認識が共有されていった。さらに、聖書の権威の再発見は、だれもが誤った権威から解き放たれ、真にキリスト教的な信仰を生きるために、自分で聖書を読み、それを正しく理解し、判断することを求める運動としても展開されていった。そのためには使用に価するドイツ語訳の聖書が必要である。その要請を実行に移したのが、ルターであった。

ルターと聖書翻訳

ヴァルトブルク城滞在中、ルターは、髭《ひげ》をはやし、騎士ヨルグという名前で身を隠していた。クラナッハが描いた肖像画から当時のルターの姿を知ることができる。とはいえ、ヴァルトブルク城内や麓《ふもと》のアイゼナッハでは比較的自由に行動できたようである。また、城外の同僚たちとも手紙で連絡を取っていた。ルターがこの城に滞在した期間は、一五二一年の五月から一〇か月間。この間、第2章で扱った修道制に反対する思想的基盤となった『修道士の誓願について』（ラテン語）、またドイツ語による「教会暦説教集」を執筆するなど、宗教改革の進展に非常に重要な書物を生み出している。

クラナッハ「騎士ヨルグの姿で描かれたルター」（1522年）

後者の出版は、宗教改革に賛同する牧師たちにその使信を語るために模範となる言葉を提供すると同時に、ルターの説教をいつでも、どこでも聞くことができる機会を創り出した。活版印刷術によって印刷された新しい媒体（メディア）は、ルターが不特定多数の聴衆に、あたかも直接的に語りかけているかのような、新しいコミュニケーションのあり方を可能にした。こうして、ルターは隠れながら、同時に、どこにも隠れることができないような仕方で公の場に存在し、宗教改革者としての影響を及ぼし続けたのである。

そして、この間の執筆活動の中で、歴史的に特筆される創作活動が聖書のドイツ語への翻訳である。しかも、新約聖書全体をわずか一〇週間ほどでドイツ語に翻訳するという偉業であった。短期間に集中した作業が、全体としてのダイナミズムを可能にしたとも言えよう。ルターは、ヴァルトブルクの地を、ヨハネが神の啓示を受けたパトモス島や荒れ野に例えている（黙示録1・9）。迫害の危険というやむを得ない事情から人里離れたこの場所に潜んでいなければならなかったのではあるが、この試練を通して、時代を超えて読み継がれるドイツ語新約聖書が誕生したことは、まさに隠れたる神の働きとでも言えようか。

ルターが翻訳に取り組む作業場は、一方で、ギリシア語やラテン語の聖書が並べられたヴァルトブルク城の一室であった。しかし、他方で、ルターが特に注意を払っていたことは、文法的に正確に翻訳するだけでなく、民衆が実際に話しているドイツ語を意識して訳すということであった。ルター自身が、一五三〇年に当時の聖書翻訳について次のように回想している。

> 家の中の母親に、また通りの子どもたちに、そして市場の民衆に尋ね、そして彼らがどのように語っているか口の中をのぞき込み、それに倣って翻訳する必要がある。（WA 30/II, 637, 19–22）

つまり、ルターが聖書を翻訳する作業場は、部屋の外、民衆が生きて働く日常生活の真っただ中にもあったということである。ルターは、常に読者を意識して言葉を選び、語り、執筆し、多様な文学的ジャンルや印刷メディアを利用できる人物であった。そのような意味で、新しい時代に対応する能力、さらには新しい時代へと人々を牽引していく力をもっている宗教改革者であった。

ルターが翻訳した新約聖書は、翌年の一五二二年九月に出版されたことから、九月聖書とも呼ばれている。最初の版があっという間に売り切れ、同じ年の十二月に改訂版が出版されていることから、とても高い人気があったことが分かる。長い年月をかけた手書きによる写本とは異なり、印刷技術によって、一〇〇〇部、二〇〇〇部と大量に印刷することが可能な時代となった。しかし、H・シリングによれば、一五三四年の硬いカバーによって上製されていないルター聖書の値段でさえ、二グルデンと八グロッシェンであり、それは当時の左官職人の約一か月分の給料と同じであったという。つまり、数百ページからなる聖書を購入できたのは、宮廷や学者、一部の裕福な商人に限られ、庶民には相変わらずとても手の出ない高価なものであった。

　民衆の言葉が生かされた聖書を民衆のだれもが手にして読むには、まだまだ時間を必要としていた。そのためには、経済的な事情もさることながら、民衆の識字率を上げることも必要であった。しかし、言葉を学ぶ手段でもあり、目

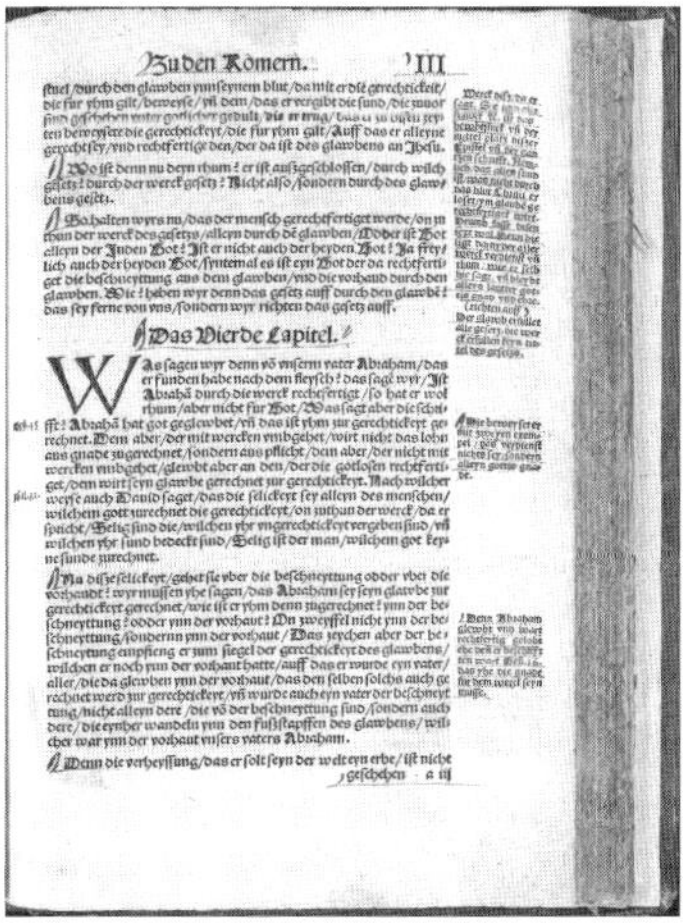
Zu den Römern. III

Das Vierde Capitel.

1590 年頃に、ルターの肖像を装丁にほどこした「9 月聖書」。
右はそのローマ書の部分（本文は 1522 年の初版）

的でもあるドイツ語の聖書がいまや整えられた。

ルターにとって聖書の中心は「福音（das Evangelium）」である。それは個々の福音書という意味ではなく、むしろ、四福音書と聖書に一貫する神のことばの本質としての福音である。それゆえ、ルターは、福音という言葉に定冠詞をつけ、単数形で語っている。

〔福音とは〕神と同時に人間であり、私たちのために、その死と復活によって、すべての人間の罪、死、地獄を克服された、神の子であり、ダビデの子であるキリストの説教である。（WADB 6, 6, 24－26）

この福音の約束のことばを、聖書の中に、一人ひとりのキリスト教徒が自分の言葉で発見し、その恵みに与る信仰を確固たるものとすること、そこにルターは、宗教改革、そしてキリスト教界全体の確かな土台が築かれると考えていた。ルター自身、聖書を読んで理解することは、生涯の課題であった。それは、「卓上語録」の編者ヨハネス・アウリファーバーが書き写した、一五四六年二月十六日のルターのラテン語による以下のメモに表現されている。

五年間にわたり、牧畜や農耕に従事でもしていない限り、ウェルギリウスの『田園詩』と『農耕詩』を、だれも理解することはできない。四〇年間にわたり、国家政治の重要な役割に従事でもしていない限り、キケロの書簡を、だれも理解することはできない。一〇〇年間にわたり、預言者たちと共に教会を牧していなければ、聖書を、だれも十分に味わったとは思われない。それゆえ、それは、途方もない奇跡である。（中略）私たちは乞食である。これは真実である。（WA 48, 241, WATr 5, 316 – 317）

ルターは最初に、古代ローマの詩人や政治家の著作を例に、理解するためには実践的な経験が必要であると述べている。聖書の理解も同様である。しかしそれ以上に、聖書の理解は、ルターにとって、ある意味で人間の可能性を超えた出来事であった。つまり、それは生涯にわたっての課題であったと同時に、ただひたすら神の恵みに依拠した奇跡であった。そして、そのことをルターはその生涯の最後の時に回顧している。

ルターは、このメモ書きを、ここだけ母語であるドイツ語で、「私たちは乞食である。これは真実である」という言葉によって結んでいる。これを、神の前での謙遜という言葉によってのみ言い表すことは十分ではない。ここに、自分の可能性の無を圧倒的に経験しながらも、それにもかかわらず、自分を超えた神の力に捕らえられ、導かれていることを知っている一人の宗教改革者の信仰が表明されていると思うからである。それが、ルターの「聖書を読む」という経験だったのではなかろうか。この一片のメモを書いた二日後、二月十八日未明にルターは息を引き取った。その詳細は、第1章に叙述した通りである。

現代への問いかけ――聖書翻訳と教育の力

現在のドイツにおけるキリスト教徒の割合は、人口の約六〇パーセントと言われている。カトリック教会とプロテスタント教会が、それぞれ約三〇パーセントである。しかし、近い将来には、両教派を合計しても人口の五〇パーセント以下となり、多数派から少数派になるという予測もある。社会は世俗化し、これまで優遇されてきたキリスト教会に対する風当たりはますます厳しくなることが予想される。そのような意味で、二〇一七年の宗教改革五〇〇年の記念事業は、キリスト教が多数派であるドイツで祝われる最後の記念祭となるかもしれない。しかし、すでに（第3章で）ヴィッテンベルク城教会の改修工事が国や州からの莫大な資金の支援によっていると指摘したように、今回の記念祭は、公共的な性格をもって祝われる。それだけに、宗教改革という歴史的出来事が現在のドイツ社会に対してもつ意義が問われている。

そのような文脈の中で、ルターが聖書をドイツ語に翻訳したこと、そして、それが後の標準的なドイツ語の基礎となったことが強調される。なぜなら、この点において、ある人がドイツ語を母語とする限り、信仰の有無にかかわらず、その人を歴史的・文化的な帯によってルターに、そして宗教改革という出来事に結びつけることができるからである。ドイツ語が語られるところでは、どこでもルターの決定的な影響について語ることが可能である。しかし、ルターとドイツ語の関係は、ドイツの歴史に特有な出来事である。つまり、その点が強調されればされるほど、ドイツ語を母語としない人にとってのルターの聖書翻訳の意義が薄れていくように思われる。かつてドイツは、「私のドイツ人のために私は生まれた」（WABr 2, 397, 34）と語るルターを民族主義的・国家主義的に利用するという過ちを犯しているがゆえに、ルターの「ドイツ性」を強調するときには、注意が必要であろう。それだけに、ドイツ語を母語とする人々は、ルターが聖書をドイツ語へ翻訳したという出来事の意義を、ドイツ語を母語としない人々と一緒に考え、共有する必要があると思う。

ルターの聖書翻訳は、ヴィッテンベルクの複数の同僚たちが参加した多くの議論、そして翻訳に関わる様々な助言によって可能になったものであった。それゆえ、H・シリングが、ルター聖書を「ヴィッテンベルクの宗教改革者たちの聖書」と呼ぶことには、それなりの理由がある。本書でも、そのような歴史的側面に光を当ててみた。さらに忘れてはならないことは、議論の歴史の中には、複数の論敵と様々な主張が含まれるということである。まさにそのような意見の複数性・多様性の中で、真理と権威をめぐる議論が行われた。活版印刷術を用いたドイツ語による出版は、これらの議論を、高等教育を受けたごく一部のエリートたちの枠を超えた、より広い公の次元にもたらした。そして、ルターによる聖書のドイツ語への翻訳とその出版は、議論の中で主張されてきた宗教改革的立場に基づく人間と社会形成のために決定打を与えるものであった。私たちは、そこに真理をめぐる議論とそれを検証するための源泉としての正典（聖書）の民主化のプロセスを見ることができる。

そして、このプロセスの中で、最初から教育に関心が向けられていたし、教育の民主化が求められた。口頭のコミュニケーションが一般的であった時代の中で、宗教改革は言葉が重要な鍵を握っていることに気づいていた。人文主義の運動に見られたように、オリジナルに触れる、あるいは自分自身で読むという行為が、それを通して自分自身の考えを形成し、物事を判断できるようになるために重要であることが認識された。こうして、宗教改革は、人々が母語で読み書きができることを重視し、学校の設立と普及を促し、当時の民衆のための学校教育の進展に大きく貢献することになったのである。

ルターは、すでに一五二〇年の『ドイツのキリスト者貴族に与える書』の第二五項で教育改革について提言している。その中で、いち早く女子教育についても積極的に語っている。

各都市は女子学校を設置し、その学校で少女たちは毎日一時間、ドイツ語かラテン語で福音を聞くことを、神が望んでいるのである。（WA 6, 461, 13–15）

一五二四年には、『ドイツ全市の参事会員に宛てて、キリスト教的学校を設立し、維持すべきこと』についての提言を行っている。その中で、ルターは、はっきりと「いたるところに少年と少女両方のために最上の学校を建てる」（WA 15, 44, 26–27）必要性があると説いている。教育は、ごくわずかなエリートや男性に限定されるものであってはならず、少女たちも同様に読み書きを学ぶことが求められた。この著作が出版された年のうちに、各地で福音主義の学校が創設され、その後も各地に広がっていった。宗教改革は、教育が当時の社会全体に広く普及するための重要なステップであったと言うことができる。

言葉の習得は、単に文字の意味を理解することにとどまらず、批判的な主体の形成を可能にするものである。そのように形成される各自の意見に基づいて、魂の救いについての誤った教えや依存から自分自身を解放することも、また、既成の社会的・宗教的な制度を批判的に改革することも可能になる。実際に、宗教改革の言葉は、活版印刷術による新しいメディアを通して社会を大きく変革していった。口頭のコミュニケーションとは異なり、印刷されたパンフレットや本は、社会的・政治的な境界線を越え、広範な地域でほぼ同時に同じ内容が読まれ、議論されるという新しい状況を可能にした。このメディアに、ヨーロッパ中の人々が関心をもつ宗教改革的な思想というコンテンツが結びつき、マス・メディアによるマス・コミュニケーションを利用する、新しい情報化と政治的な活動の時代がはじまった。

このように、ルターが聖書をドイツ語に翻訳するという宗教改革的な行為の中に、教育的な態度、しかも当時の教育のあり方を革命的に転換させるような態度を読み取ることができる。母語への翻訳は、すべての人に開かれた教育と言葉の習得による主体的な人間の形成を目指した行為であった。

聖書協会世界連盟の発表によれば、二〇一二年十二月三十一日現在、聖書は二五五一言語で読むことが可能である。これほど多くの言語に翻訳されている書物は他にはない。いまでこそ、世界中の書物を日本語で読めることは、当たり前のことのようになっている。しかし、それは長い教育と出版文化の歴史の積み重ねの中で可能になってきたことである。宗教改革のテーマは、聖書やキリスト教的な議論に特化されてはいたものの、それらの書物がそれぞれの国の言語に翻訳され、すべての人によって読まれる自由を求め、それをまずはドイツ語圏において実現させた運動だったと言える。あるいは、宗教的で普遍的な人間の救いが問題となっていたからこそ、すべての人間に読み書きを学ぶ、教育の機会を求めたと言うこともできる。

いま世界史的な出来事としての宗教改革を記念し、想起するとき、私たちは、それが教育に果たした貢献だけでなく、教育がまさに、自分たち自身で読み、自分たち自身で考え、そして自分たち自身の意見をもって新しい社会を開く宗教改革を可能にするものであった、という教育の力と可能性を改めて心に刻む必要がある。それゆえ、今日、世界中の国々で、そして私たちが身を置く社会の中で、なお発展の途上にある教育の民主化を弛《たゆ》まず推し進めていくことの中にも、いま宗教改革を記念することの意味がある。

歴史探訪――ヴァルトブルク

ドイツのテューリンゲン州のヴァルトブルク城は、今日、ルターの足跡を訪ねる観光名所の一つとなっている。城の中は、ガイド付きの案内で見学することができる。その際、主に、この城をめぐる四つの歴史的出来事が紹介される。

一つ目は、ワーグナーが作曲した『タンホイザー』でも知られる中世の歌合戦の舞台となったこと。

二つ目は、一八一七年に宗教改革三〇〇年がこの地で祝われた際に起こった、ブルシェンシャフトという当時の学生組織の運動について。この運動の中で、はじめて公にドイツの政治的な統一が要求されたことが歴史的に注目される。広間には当時の三色（黒・赤・金）の旗が掲げられており、現在のドイツ国旗がそこに由来することが説明される。

三つ目は、十三世紀にテューリンゲンの領主に嫁いだハンガリー王女エリザベートについて。生涯が描かれた壁画を見ながら彼女の運命と功績が紹介される。ドイツでは、エリザベートがプロテスタント教会の「聖人」として紹介されることがある。とはいえ、聖エリザベートを記念する教会はルター派に転じ、従来の聖人崇敬は廃止された。しかし、彼女が貧しい人々や病人のために尽くした行為は語り継がれ、信仰の模範として今でも特別な親しみをもたれている人物である。彼女を記念するために十三世紀に建設さ

ヴァルトブルク城

れた聖エリザベート教会は、現在のヘッセン州マールブルクにある。

そして最後に、城内にある礼拝堂でルターとその功績が紹介される。その後、ガイド無しでルターの書斎を見学することができる。この書斎には、ルターが悪魔を追い払うためにインク壺を壁に投げつけたという伝説がある。壁に剝がれた部分があるのは、十九世紀末まで、観光客がインクの部分を持ち帰ろうと壁の一部を剝がしたためである。十六世紀末から十八世紀初頭までの証言には、ルターを訪ねてきた悪魔が逃げるときにルターにインク壺を投げつけたとか、ルターの家にインクの染みがあったというものがある。どうやら、それらの言い伝えから、ヴァルトブルク城でルターが悪魔にインク壺を投げつけたというストーリーが生まれたようである。

ヴァルトブルク城内のルターの書斎

確かに、ルターは一五二一年の手紙の中で、「私は、この仕事の少ない荒れ野で、何千もの悪魔に引き渡されている」（WABr 2, 397, 17）と書いている。ルターは、悪魔や精霊が存在するという当時の一般的な考えを共有している。しかし、他方で、ルターにとって悪魔の働きが問題であった。悪魔は、人が疑いや悲しみの中でキリストへの信頼を失うように働きかける。そのような経験は、ルターによって「試練」と呼ばれており、内面的な次元の問題として捉えられている。初期の修道院の僧房で、またヴァルトブルク城の部屋で、ルターは度々の試練を経験した。そして、そのような試練を通して、神の約束のことばを堅固な砦とした宗教改革的な信仰は確かなものとなっていったのである。

ルターの書斎の中にあるもので、彼の時代に由来するものは、床や壁のごく一部とルターが足置きに利用したクジラの背骨ぐらいと言われている。ヴァルトブルク城は、一九九九年にユネスコの世界遺産に登録された。他の歴史的人物や出来事と並んで、ルターと彼の聖書翻訳もまた、この城に世界的価値を与えている。

第6章 新しい共同体の形成

【ヴィッテンベルク】

宗教改革の社会的影響

宗教改革の歴史から、私たちは、ある個人の宗教的な経験と精神的な態度の転換が、社会全体に大きな変革をもたらすことができるということを具体的に学ぶことができる。救いはまったく神の業であり、人間の側のいかなる功績にも依存するものではない、というのがルターの宗教改革的確信であった。この確信が、彼の時代に多くの反響を獲得し、受容され、広く伝播し、多くの地域で確実に根を張りはじめていた。すなわち、公の出来事となっていったのである。ヴォルムス帝国議会以降、その根は断たれるどころか、むしろ、旧来の精神に規定されてきた教会や社会を改革する試みがはじめられた。ルター不在のヴィッテンベルクでも、都市の改革の機運が非常に高まっていた。本章では、一五二〇年代初頭のヴィッテンベルクで、人々が目の当たりにした最初の変化について、いくつかの例を取り上げる。特に本章の後半では、教会と社会の改革がいかに密接に結びついていたのかを示す例として、宗教改革的な救貧制度に注目する。

ヨハン・エーベリンによる独身制を批判する宗教改革的パンフレット（1522年）

司祭・修道士の結婚

ルターの修道誓願に対する批判の後（第2章参照）、修道士たちが修道院を去り、誓願を破って結婚するということが起こった。司祭たちも、他の世俗的な市民たちと同様に家庭を築き、プロテスタント的な牧師家庭が誕生した。最初に宗教改革を支持する司祭が結婚式を行ったのは、一五二一年五月のことであった。結婚したのは、ヴィッテンベルクから一五キロメートル離れたケンベルクで司祭を務めていたルターのかつての教え子バルトロメウス・ベルンハルディであった。一五二二年一月十九日には、ルターの同僚カールシュタットも結婚している。これらはすべてルターがヴァルトブルク城に滞在している間の出来事であった。ルター自身は、一五二五年六月二十七日に元修道女のカタリーナ・フォン・ボラと結婚するまで、修道誓願を守っていた。それぞれに子どもが生まれ、キリスト教会と共同体の中に新しい景色が生まれはじめていた。従来、司祭たちはその収入を、個々の司祭の任地に付随した収入源となる所領や収穫物といった財産（聖職禄）から獲得していた。しかし、宗教改革によって教会財産は没収され、後に説明する教会の共同財庫から牧師の給与が支払われることが提案されることになった。このように、財政的にも牧師たちは都市共同体に結びつけられるようになった。

福音主義的礼拝

新しい景色と言えば、礼拝の景色自体が大きく変化していった。ルターが不在の間に、ヴィッテンベルクでは、彼の同僚メランヒトンやカールシュタットが礼拝の改革に着手しはじめていた。礼拝の重点は、聖餐を中心とした儀礼的行為への参与から、神の約束のことばを聴くことへと移動した。ルターは、一五二〇年の『教会のバビロン捕囚』の中で、聖餐は犠牲や善い行いではなく、キリストが弟子たちに向けた遺言の行為であると説明している。遺言とは、ある対象に向けられた約束の行為であり、極めて人格的な関係の行為である。それゆえ、聖餐の受領は、道徳的にではなく、人格的に、信仰によって受け取られるものである。また、ルターは、聖書に記述されているとおりに、パンだけではなくぶどう酒も信徒に配られる二種陪餐を主張した。これらの主張が、いまや実践へと移されていったのである。

メランヒトンは、一五二一年九月二十一日に大学内の小規模な礼拝ではあったが、二種陪餐による聖餐を伴う福音主義的な礼拝を実践していた。そして、その年の十一月までは控えめであったカールシュタットが、十二月二十五日に、今度は公の場である市教会のクリスマス礼拝で、最初の宗教改革的な礼拝を行った。その時、カールシュタットは平服のままで登場し、ドイツ語で説教を行い、二種陪餐による聖餐を執行した。

それまでは、信徒たちの席から離れた礼拝堂の前方で、司祭がラテン語で聖餐式を執り行い、信徒たちは語られている言葉の意味も分からないまま、その様子を遠くから眺めていた。そのような礼拝式（典礼）の中で、神秘的な聖餐物資に対する信心が育まれ、聖変化に立ち会うことで特別なご利益をいただけるという理解が生じ、礼拝の呪術的な側面が強調されることになった。しかし、いまや司祭と信徒が一緒に、神のことばに耳を傾け、説教においても聖餐においても等しく与えられる神の恵みの約束の福音に与る礼拝が守られるようになった。宗教改革的な義認の教説と全信仰者祭司性の理解が、礼拝の景色を変えていったのである。

聖画像と聖壇の撤去

景色の変化は、礼拝式の変更においてだけでなく、礼拝堂を構成する要素にも及んだ。礼拝堂からの聖画像や聖壇の撤去である。当時の礼拝堂には、現在のヨーロッパのカトリック教会にも見られるように、特別な崇敬の対象となるマリアや聖人たちのための聖壇、そして聖像や聖画が多く設置されていた。ルターが落雷による急死の恐怖を体験した際、聖アンナに助けを呼びかけたように、当時のヨーロッパ社会には、マリアや聖人たちが一般の信徒たちを神へと執り成し、特別な救いを与えることができるという聖人崇敬が広く浸透していた。しかし、ルターは、聖人崇敬や巡礼への熱心さに含まれる功績主義的性格を批判した。また、聖なる存在を特別視する態度は、霊的身分と世俗的身分との区別を廃止することを要求する全信仰者祭司性の理解から根本的に批判された。ヴィッテンベルクにおける聖画像の具体的な撤去とそれをめぐる議論を見る前に、それ以前に示されていたルターの聖人崇敬批判を概観してみよう。

聖人崇敬批判――天上から地上へ降ろされた聖人たち

今日のプロテスタントの教会で、一般に「聖徒の交わり」と訳されているラテン語のコミュニオ・サンクトールム（communio sanctorum）は、当時、聖餐のサクラメントでキリストや聖人たちの功績による特別な恩恵に与ることとして理解されていた。このとき、「聖なるもの（sanctorum）」は、強く天上的な領域に結びつけられて理解されている。なぜなら、天上にこそ聖人たちの功績の宝が存在しているからである。そのような伝統的な解釈に対するルターの解釈の新しさは、「聖なるもの」を天上から地上へと引き戻したところにある。すべての洗礼を受けた信仰者に祭司的な霊性を認めることによって、司祭と信徒の違いは、職務の違いにすぎないものとなった。すでに一五一九年の『労し、重荷を負う人々のための慰めに関する一四章』の中で、ルターは、コミュニオ・サンクトールムを、喜びも苦しみも共有するすべての信仰者たちの交わりとして述べている。

こうして、私が苦しむとき、もはや一人で苦しむのではなく、「あなたに触る者は、わたしの目の瞳に触れるのである」〔ゼカリヤ書2章12節〕と言われているように、キリストとすべてのキリスト教徒が私と共に苦しむのである。このように、他の人々が私の重荷を負い、彼らの力が私のものとなる。（WA 6, 131, 14–16）

これは、キリストを模範としたすべての信仰者が互いに重荷を負い合う人格的な共同体であるということである。また、一五二〇年の『ドイツのキリスト者貴族に与える書』の中で、巡礼教会を批判して、ルターは次のような忠告を行っている。

みな自分の教区教会にとどまればよい。そこに人は、たとえすべての巡礼教会がかりに一つの巡礼教会であったとしても、すべての巡礼教会より多くのものを見出す。ここに、人は洗礼、秘跡、説教、そしてあなたの隣人を見出し、これらのものは、天上のすべての聖人たちよりも偉大なものである。なぜなら、これらはすべて神のことばと秘跡によって聖化されているからである。（WA 6, 448, 27–31）

つまり、巡礼地にではなく、自分が生活の基盤を置いている教会共同体の中に、最も聖なるものがある。なぜなら、その聖性は、特定の場所や特定の聖人に依存したものではないからである。ルターにとって、聖性の根拠は、福音である神のことばとそれを目に見える仕方で伝達する聖餐と洗礼の秘跡である。神のことばが語られ、聖餐と洗礼が執行されるすべての教会に、聖なるものは十分にある。そして、そこに連なるすべての信仰者が十分に聖化されている。だからこそ、ルターは、各自が各々の教会共同体の中で、そしてそこにある隣人との交わりの中に、聖なる交わりを発見することへと人々を招いているのである。義認教説に基づく宗教的功績主義批判と聖なるものの再発見の衝撃は、マリア崇敬や聖人崇敬、及びそれらと結びついた聖画像や聖壇に対する批判としても現れた。ただし、ヴィッテンベルクで宗教改革を望む人々の中で、聖画像が撤去されるべきことについての意見は一致していたが、それをどのような仕方で撤去するかが争点となった。

「ヴィッテンベルク都市規定」と聖画像をめぐる騒動

カールシュタットの結婚から五日後の一五二二年一月二十四日に、都市の社会的・教会的秩序の包括的な刷新を内容とした「ヴィッテンベルク都市規定」が制定された。この規定の成立を決定した会議は、市参事会、そして大学と聖堂参事会の代表委員を合わせた三二人からなり、そこにカールシュタットとメランヒトンも含まれていた。この決定が全会一致で可決されたということは、ヴィッテンベルクが都市として宗教改革に本格的に取り組みはじめたことを示している。そして、この都市規定の中には、教会における聖画像と聖壇が撤去されるべきことを決めた項目がある。

同様に、偶像崇拝を避けるために、教会内の聖画像と諸聖壇が撤去されるべきである。聖画像なしの三つの

聖壇で十分である。（第一三項）

実は、ヴィッテンベルク内で、都市規定の制定以前の一五二一年十二月初めと一五二二年一月十日に、すでに聖壇と聖画像が壊される事件が起こっていた。市参事会は、このような都市の住民の勝手な行動を抑え、その一方で、住民たちの改革要求の圧力をどうにかして受け止めなければならなかった。その方策の一つとして都市規定は重要な意味をもっていた。なぜなら、この時期に市参事会主導による聖画像撤去の「制度化された形式」を提供することで、私的な住民のグループによる騒擾《そうじょう》的な事件がこれ以上起こらないように、その沈静化を図ることができたからである（J－M・クルーゼ）。しかし、市参事会が撤去に着手する前の一五二二年一月末から二月初めの間に、三回目の聖画像撤去の行動が民衆たちによって起こされてしまった。都市はこの出来事にすぐに対処し、この後に騒動が起こることはなかったので、都市側からすれば、都市規定が都市内の改革への圧力を和らげる効果をもっていたと見ることができる。しかし、繰り返し起こされた民衆による聖画像破壊の行動は、選帝侯の視点からすれば騒擾的であり、その責任が宗教改革的な説教者、つまり、カールシュタットに求められた。

ヴァルトブルク城で身を隠し、情勢をうかがっていたルターは、ヴィッテンベルクの改革の進捗状況に問題を感じはじめた。そこでヴィッテンベルクに帰還し、一五二二年三月九日の受難節第一主日からその後の一週間にわたり、八つの説教を行い、彼の改革の基本方針について語った。これらの説教の中で、彼は聖画像崇拝についても論じている。

ルターの帰還と都市宗教改革の軌道修正

説教の中でルターは、繰り返し、キリスト教的な人間にとっての主要事項について語り、二日目の説教の冒頭でそれを次のようにまとめている。

親愛なる友よ、あなたがたは昨日、キリスト教的な人間の主要事項について、つまり、その生涯と本質の全体が信仰と愛であるということを聞いた。信仰は神に向けられ、愛は他の人々に対して、つまり、私たちが神から功績や業なしに受けたように、善い行いを伴う愛において、隣人に向けられている。（WA 10/III, 13, 16 – 14, 1）

神への信仰と隣人への愛、これがキリスト教的な人間の主要事項である。そして、隣人に対する愛は、神の私に対する無償の愛に基づいている。ルターは、この主要事項以外の外的な事柄を自由に属する問題と見なした。とりわけ、ルターは、自由に属する問題から「ねばならない」という強制をつくり出してはならないことを強調した。例えば、ミサの廃止、修道院からの退去、聖画像の撤去、断食の慣習の廃止といった諸問題をルターは説教の中で取り上げた。一五二二年三月十一日、第三回目の説教の冒頭では次のように述べられている。

ここで、結婚するかしないか、修道士や修道女が修道院から出ていくかどうか、といったことのように、必然性のない事柄、むしろそれらを遵守することを欲するか、欲しないか、神によって自由に任されている事柄が続く。これらは自由であり、だれによっても禁じられてはならない。もし、禁じられるならば、それは正しくない。なぜなら、それは神の秩序に反するからである。（WA 10/III, 21, 10－22, 1）

聖画像の撤去も自由に属する問題である。

聖画像についても同様に扱われる。それは必然性のあることではなく、むしろ、私たちがそれらを所有してもよいかどうか、自由なことである。私たちがそれを全く所有していないことが、より良いことではあるけれども。（WA 10/III, 26, 4－7）

ルター自身、決して聖画像に好意的ではなかった。それにもかかわらず、聖画像がいましばらく礼拝堂の中に存在していることを容認できた背景には、旧約聖書の十戒における第一戒について、次のように理解することができたからである。少し長くなるが引用する。

同じ聖画像破壊者たちは、第二モーセ〔出エジプト記〕に、けれども書いてあると語っている。「あなたはいかなる像も、そして、上は天にあり、下は地にあり、地の下の水の中にある、いかなるものの形も造ってはならない」（20・4）と。「ここを見よ」、と彼らは言う、「それによって像が禁じられている、全く明瞭、明白な文言がそこにある」。親愛なる友よ、私はこれが彼らにとっての根拠であることをよく知っている。しかし、彼らは、これらのテキストによって私たちに何の手出しもできないであろう。なぜなら、私たちが、第一戒、及び同じテキストの主張全体を見る限り、モーセの理解と主張は、私たちがひとりの神のみを崇拝し、聖画像を崇拝するべきではないということにある。テキストが明白に与えているように、そこからすぐに帰結されることは、聖画像を崇拝せず、また、それに仕えるな、ということである。それゆえ、同じ聖画像破壊者に次のように言うべきである。崇拝が、ここでは禁じられているのであって、造ることではない。私は聖画像を確かに所有すること、あるいは造ることができるが、しかし、それを崇拝するべきではない。

(WA 10/III, 26, 33 – 27, 24)

旧約聖書の第一戒が禁じていることは、偶像崇拝であって、聖画像の所有ではない。前者は内的な主要事項に関わるが、後者は外的な自由の問題に属している。したがって、偶像崇拝が行われているところでは、主要な問題を解決するために、聖画像は撤去されるべきものとなる。

特に聖画像について、それが崇拝されるならば、除去されるべきであるが、それ以外の場合はそうではない。私は、否定できない悪用のゆえに聖画像が全世界から撤去されることを願っているのだけれども。なぜなら、ある人が聖画像を教会に設置し、神に対して善い奉仕と善い行いを示したと考えるならば、それこそ真の偶像崇拝であり、聖画像が撤去されるべき理由の中でも最も大きく、主要かつ上位にある事柄である。あなたがたは、このことではなく、むしろ、最も重要でないことをかり立ててきた。(WA 10/III, 30, 17 – 31, 6)

では、ヴィッテンベルクで聖画像への誤った理解や依存心が見られるとき、聖画像が撤去されるべきであるかといえば、ルターの答えは否であった。内的な問題は、あくまで内的に、すなわち神のことばの説教によって解決されることが望まれた。

なぜなら、私たちは、まだ、これらの考えをもつことができず、むしろ聖画像をおそらく必要とするであろう人々がいることを認めなければならない。これらの人々は少ないとしても、けれども、私たちは、それを断罪することはできないし、また、だれかが必要とすることを断罪すべきではない。むしろ、あなたがたは、いかに聖画像が無価値であるかを説教するべきである。神はそのことを全く気にかけてはいない。もし、私たちが、神に聖画像を造らせたとしても、神に対して何の奉仕もしてはいないし、何もみ心にかなうものはない。そして、もし、貧しい人々に一グルデンを与えるならば、神に一グルデンの聖画像を与えるよりも善いことをしている。なぜなら、後者を神は禁じているが、前者（貧しい人を助けること）を禁じてはいないからである。もし、聖画像に価値がないということを聞くならば、彼らは自発的に離れ、聖画像はいかなる騒動も騒擾もなく崩壊するであろう。いままさに勢いづいてきたように。（WA 10/III, 32, 3 – 33, 2）

ルターは、まだ宗教改革的な理解を十分にもてず、「聖画像をおそらく必要とするであろう人々」を配慮した発言を行っている。ここに、三月九日に行われた第一回目の説教の冒頭で確認された、キリスト教的な人間の主要事項における隣人愛が考えられている。

私たちは、みなが信仰において同じように強いわけではない。あなたがたのある者たちは、私より強い信仰をもっている。それゆえ、私たちは、自分自身や自分の能力を見るべきではなく、私たちの隣人を見るべきである。(WA 10/III, 5, 9－6, 3)

第一に、彼女〔母親〕は、彼〔その子〕にミルク、その後でおかゆ、それから卵とやわらかい食べ物を与える。彼女が、最初に、順序を変更し、かたい食べ物を与えるなら、子どもに何の良いこともないであろう。

(WA 10/III, 6, 6－8)

ルターが、強制的に聖画像が撤去されることに反対するもう一つの理由がここにある。それは信仰においてまだ弱い者を配慮するということにあった。つまり、都市内には、なお従来の中世的な宗教性に捉えられた良心をもつ人々が少なからず存在する。これらの人々が宗教改革的な説教を聞くことを通して、旧い信心から内的に解放され、自発的に外的生活に変更を加えるのを待つことをルターは求めた。

それゆえ、私たちにとってもそうであったように、他の人々に対しても、彼らもまた信仰において強くなるまでの間、ミルクの食事を与えようではないか。なぜなら、それ以外の点では私たちに賛同し、喜んでこれらのことを共有し、受け入れようとしている人々が多くいるからである。特に、まだそれをよく理解できない人たちを私たちは追い払っている。それゆえ、私たちは、隣人に愛を示そうではないか。もし、これを行わない

ならば、私たちの行いが存続することはないであろう。（WA 10/III, 12, 7－11）

改革は、いまだ良心に躓きを覚える人々を無視したり、排除したりしながら急進的に、強制的に行われるべきではない。それは、実践的な改革を確かに遅らせることになるかもしれない。しかし、隣人への配慮と良心の自由の尊重を通して、より包括的な改革が可能となり、継続も可能となるとルターは考えた。一連の説教から三年後の一五二五年に書かれた『天来の預言者を駁す』の中で、ルターは改めて、聖画像は「眼前から取り去る」のではなく「心から取り去る」ものであると主張している（WA 18, 9－17）。

ルターの考えばかりを紹介してきたので、ここで、聖画像の撤去をめぐる騒動の責任をとらされ、活動を停止させられたカールシュタットにも、その言い分を示す機会を与えておこう。彼は、一五二二年一月に出版されたパンフレット『聖画像の撤去について』の中で、聖画像が撤去されるべき理由を二つの観点から主張している。一つは、旧約聖書と新約聖書とにかかわらず、聖書に命じられている内容をキリスト教的生活の実践のために必要な規範として捉える法規範的な聖書主義の立場から。この立場から、聖画像が存在していること自体が、十戒に文字通り書かれている神の掟に客観的に反していると理解された。したがって、礼拝堂の中の聖画像は、信仰者にとっての「躓き」と考えられた。

もう一つは、内的な経験からの理由である。カールシュタットは、聖画像の背後にある長い間の古い習慣と宗教的な問題を見ている。彼は、『聖画像の撤去について』の中で次のように語っている。

神は心を完全に支配することを望み、私が聖画像を見ていることに我慢できない。〔中略〕私の心は若い時から聖画像に対する敬意と尊敬へと教育されながら育まれ、私に有害な畏怖の念がもたらされ、そこから自分を解放したいと願っても、そうすることができない。

つまり、彼個人の問題として、聖画像を見るたびに、旧い宗教性が心を束縛する力としていまも働いていることを実感している。聖画像は単なる外的なものではなく、むしろ、内的影響をもつものであった。したがって、内的に心を自由にするために、外的環境の変更が必要であると考えた。B・メラーが「聖画像破壊者は自らの過去を破壊した」と指摘していることが思い起こされる。ルターは、内的現実を重視するゆえに外的に見ることは問題とならないと考えた。カールシュタットは、内的現実のゆえに外的・視覚的環境が問題となると考えた。それぞれの宗教改革者の内的経験の相違が聖画像の問題への異なる態度につながっている。

ルター帰還後、「ヴィッテンベルク都市規定」は無効とされた。それにもかかわらず、都市規定に定められていた聖画像と聖壇の撤去は、その後速やかに実施されていった。例えば、一五二四年には、ヴィッテンベルク市長の命令で聖壇上のマリア像の撤去が命じられている。市参事会の働きかけによる秩序ある仕方で改革は実践され、それは元来、カールシュタットが意図していたことでもあった。したがって、進め方に変更があったとは言え、それまでヴィッテンベルクの改革陣営内で共有されてきた改革のプログラムは、引き続き実践へと移されていったのである。

貧しい人々の救済

贖宥状販売の集金箱から共同金庫へ

礼拝堂から聖画像や聖壇が撤去される一方、ヴィッテンベルクの教会の中に新しいものが登場した。すなわち共同金庫と呼ばれる頑丈な金属製の箱である。ヴィッテンベルクの「ルターの家」に設置された博物館の中に飾られた共同金庫は、その歴史的な意味を知らずに見ると、一つの骨董品の箱にすぎない。しかし、この箱の神学的根拠と社会的意味を歴史的な文脈の中で認識するとき、この箱の存在が、宗教改革が何であったかを全くよく表し、さらには公的な社会福祉の一つのはじまりを示していることを理解することができる。

箱と言えば、「金貨が箱の底でチャリンと鳴るやいなや、あっという間に魂は煉獄《れんごく》から天国に入る」という贖《しょく》宥《ゆう》状販売の宣伝文句に登場する箱がある。贖宥状販売を揶揄《やゆ》した当時のある木版画には、確かに代金が入れられる頑丈な箱が描かれている。この箱が象徴する贖宥制度を宗教改革者ルターは、一五一七年の「九十五か条の論題」で批判した。この箱もルターの家にある博物館の中で見ることができる。ルターは、聖書に基づき、教会もあらゆる人間の道徳的な功績も、神に対する罪を赦すことができないこと、そして、無償で人間の罪を赦す神の恵みに対する信仰のみが必要とされることを説いた。ローマの信徒への手紙1章17節「正しい者は信仰によって

16世紀に使われた贖宥状販売の集金箱

生きる」の宗教改革的認識である。この転回の帰結として、贖宥状販売の集金箱は居場所を失い、代わって、新しい共同財庫の収入を管理する箱が教区教会の中に設置されることになった。

これら二つの箱の見た目は似ているが、その目的と機能は全く似ても似つかぬものである。一五二〇年末か遅くとも一五二一年一月に、ルターの協力で成立した「ヴィッテンベルク共同財庫規定」によれば、金庫は都市の貧しい人々を救済するための共同財庫として教区教会に設置され、三つの鍵によって管理された。共同財庫を管理し運用するために都市の四つの地区から四人の市民が選ばれ、彼らに二つの鍵が委ねられ、残りの一つの鍵は市長が管理した。さらに会計報告が、市の参事会と牧師に対して行われ、正しく運用されているかどうかの監査を受けるよう規定されていた。そこでは、貧困をなくすための取り組みが、社会的な制度によって解決されるべき公の問題と理解されている。それゆえ、ここに公的な社会福祉の一つの試みを見ることができる。共同財庫規定には、もはや宗教的な救済によって動機づけられ、教会によって正当化された行為としての貧しい人々への喜捨が存在する余地はない。

ヴィッテンベルクの共同金庫、1522 年

隣人のための隣人愛

中世の教会において貧困は、教会的に正当化されていた。すなわち、貧しい人々がいることで、裕福な人々が施しによって自分の魂の救いに必要な善い行いを積むことができたのである。つまり、貧困は解決

されるべき課題ではなく、施しを行う人が救われるための手段であった。ルターの宗教改革的な認識は、このような自己を目的の中心に据えた隣人愛に根本的な方向転換を迫るものであった。

まず、無償の恵みによって義とする神への関わりは「信仰のみ」によって規定される。つまり、神の前で自分の存在を正当化するためには、もはやいかなる功績的な行為も必要ではない。したがって、信仰による神との関わりは、宗教的自己救済のためにこの世のものと関わることを求めるあらゆる強制から、信仰者を自由にしてくれる。こうして、私たちは、他者を自己の救済の手段として利用することからも解放され、「隣人のため」に隣人に仕えることが可能になる。

いまや、隣人と関わる際の行為の基準は「隣人にとっての必要」となった。このような宗教改革的な認識が、貧困や貧しい人との関わり方を根本的に転換させることになった。つまり、貧困は、救済の手段ではなく、「克服されるべき社会問題」となったのである。ルターは、一五二〇年の『ドイツのキリスト者貴族に与える書』の中で、新しい人間観と行為の基準に基づいて、貧困の問題について改めて考えている。例えば、ルターは、「物乞い」について次のように述べている。

全キリスト教界から、すべての物乞い行為が取り除かれることが最も必要なことである。キリスト教徒の間で誰一人、物乞いを行うべきではない。もし私たちがそのために勇気をもって真剣に実践するならば、そこに納得のいく制度をつくることができるであろう。(WA 6, 450, 22–25)

すでに見たように、中世のヨーロッパにおいて貧困は、生活に余裕のある施与者たちが、自分たちの魂の救いを獲得するために、宗教的に動機づけられた善い行いとしての施しを実践する機会を提供していた。しかし、貧しい人々への施しが奨励されることによって、物乞いによる生活が支えられ、貧困が蔓延していることをルターは嘆いている。施しは、貧困をなくすどころか、物乞いを生み出しているというのがルターの観察であった。さらにルターは、同じ著作の中で物乞いを生み出す托鉢修道会や巡礼制度の解体も提案している。また住民には、外来の托鉢修道士たちや巡礼者たちを自分たちの町から徹底して締め出すことも提案されている。ルターの観察は、彼一人のものではなく、彼が活躍していた都市ヴィッテンベルクの中で、広く共感され、共有されていたものであると考えられる。

ここで、中世ヨーロッパ社会において、貧困が社会問題として理解されることを妨げていたもう一つの原因に着目する必要がある。つまり、中世の封建制に組み込まれた家父長的な視点からの保護機能が、貧しい人々の最低限の生活を保障することを可能にしていたということである。しかし、中世後期から宗教改革の時代にかけて、各地に都市が発達し、教会の支配からの独立や都市内での秩序規律への強い関心から、救貧制度を共同体的に中央集権化する傾向が生じていた。そして、宗教改革以前の都市の救貧制度においては、従来の宗教的に動機づけられた救貧の実践と、そのような宗教的に正当化された施しによって生活する物乞いの管理や排除への関心が混在している状況があった。そこに、宗教改革的な新しい神学的基礎が与えられ、新しい都市共同体的な救貧制度が成立することになった。その新しい救貧制度を象徴するものが、ヴィッテンベルク共同財庫であった。

ヴィッテンベルクの共同財庫

「ヴィッテンベルク共同財庫規定」では、貧しい人々の救済が主要な目的と考えられている。従来の救護院のためだけでなく、「すべてのひどく窮乏した人々に共同で用いられる」財源を考えている。ここには救貧事業とその財源を一元化し、集中して管理しようとする後期中世の社会的傾向を読み取ることができる。共同財庫は市教会に設置され、そこから都市に住む貧しい人々に対する社会福祉的な支援が一元的に行われた。それは、今日で言うところのソーシャルワーカーやケースワーカーのような働きをする人員を配置することで可能になる。

この一元的管理には、必要な支援と不必要な支援を区別するという関心が含まれている。四地区から選ばれた管理者は、貧しい人々が「労働の能力があるか、怠け者であるか」について判断することが求められている。また、都市の外から入って来る托鉢修道士や巡礼者を含む流れ者を排除しようとする傾向が読み取れる。にもかかわらず、規定の最後の項目で、「これらすべてのことは、神とすべての聖徒をあがめるため、また、各自が他人の重荷を負うというキリスト教的愛のために行われるべきである」と定められているように、この規定は疑いなく宗教改革的精神に基づいた行為として提案された制度である。

この規定が成立して間もなく、一五二二年一月二十四日に「ヴィッテンベルク都市規定」が制定されている。この規定の中でも、共同財庫に重点が置かれている。しかし、都市規定の中では、貧しい人々の救済の集中的管理だけでなく、可能な限り教会共同体のあらゆる収入が統合され、そこから利息をつけた貸し付けが可能な共同財庫が考えられている。こうして、貧しい人々への支出は、司祭への支給等と並んだ多様な支出項目の一つとなっている。

従来、教会の聖職者たちは、霊的な次元で、また経済的にも、世俗の人々や共同体から一線を画す地位にあった。しかし、宗教改革によって、司祭と信徒の区別は職務の区別と見なされ、司祭も結婚することが許された。そして、批判の対象となった教会的慣習による収入源を絶たれ、共同財庫からの支給によって生計を立てるようになった。修道院の解体によってもたらされる財産は、共同財庫によって管理され、いまや都市共同体の宗教的・社会的福祉に用いられるべきものとなった。共同財庫は、金銭を収納する単なる一つの箱ではなく、その設置によって、宗教改革的な理念が実践され、目に見える形で社会を変革することを可能にする、非常に重要な制度であった。そして、同様の共同財庫が、その後、他の宗教改革的な諸都市にも設置されていくことになり、都市の風景が変化していくことになった。

現代への問いかけ——境界線を越える出会い

雷に打たれ、死の恐怖を経験したルターは、彼が通っていたエアフルト大学の近くにあったアウグスティヌス隠修士会に入会した。これは托鉢修道会の一つで、「托鉢」がラテン語の「物乞い」に由来していることについては第2章で述べた。つまり、ルター自身が、かつて、自分の魂の救いを求めて、自主的に善行として理解された貧しさの中に身を置くことを選んだ一人であった。しかし、宗教改革的認識により、ルターは、自分の魂の救済手段として物乞いすることも、また同じ理由から物乞いする人々に喜捨することも、魂の救済についての誤った理解として批判した。この宗教改革による従来の救貧行為の宗教的動機に対する神学的な批判は、貧しさと貧しい人々への態度に根本的な修正を迫るものとなった。

中世の救貧制度に関する諸研究は、宗教改革の時代に向かって、救貧を一元的に管理する傾向が強まっていたことを示している。しかし、諸制度は、貧しい人々や物乞いをする人々を治安維持の観点から管理し、矯正することを目的としており、貧困の原因を根本的に無くすことは考えられていなかった。

それに対して、ヴィッテンベルクの共同財庫の提案は、住民の貧しさの背景を調べ、そこに相応しい支援が行われることに関心が向けられている。つまり、貧困の諸原因と貧しさの個別的な状況に対する関心が存在している。もちろん、貧困を社会構造的な問題として捉え、その構造の問題と取り組むといった今日的な取り組みが行われているわけではない。にもかかわらず、例えば、「ヴィッテンベルク都市規定」の中で、貧しい家庭の子どもが学校に行くことや職業を身につけることが奨励され、そのための財政的支援が提案されるとき、学業や職業訓練を通して、当事者自身が貧困を克服するための根本的な取り組みが示されていると言うことができる。このように、宗教改革は貧困問題に対して、それを解決するための社会的で、実践的な提案をしている。

行為が宗教的動機づけから解放され、「世俗化」されることで、貧困が社会的問題として認識されることが可能となったのではあるが、それを可能にしている土台はルターの宗教的思想にあった。すなわち、宗教的功績主義から解放され、行為の場として世俗となった世界は、単純に「宗教」の対極にあるという意味での「世俗」ではなかったということである。また、それは「宗教」なしに出現する世界を意味しているのでもない。宗教改革者ルターにとっての「世俗」は、むしろ深い宗教性によって基礎づけられていたのである。

しかし、宗教改革時代以降、プロテスタントの領域で貧困や物乞いの問題が解消されたかというと、決してそうではなかった。宗教改革以降の救貧制度についての諸研究では、中世にも宗教改革時代にも一貫して見られた、貧しい人々を治安維持や矯正の対象と見なし、一元的に管理しようとする関心が前面に出てきたことが指摘されている。そして、宗教改革時代に見られた貧しさの社会的原因の克服や当事者の解放ではなく、その時代の社会秩序へ組み込むことが目的とされ、十九世紀になるとナショナリズムを軸とした貧しい人々の受容や矯正が行われていったという。また、いつも解決しないままであった問題として、定住する場所をもたない貧しい人々の問題があった。ヴィッテンベルクの規定にも定住の原理が働いており、居場所をもたない人々は社会的支援の対象から排除されてきた。

以前、ドイツのミュンヘンで、教会の社会事業として路上生活支援に関わるソーシャルワーカーから、路上生活者に対する態度が戦後に変わったという話を聞いたことがある。ナチス政権下では、路上生活者は強制労働の施設に収容されていったが、戦後は、本人の意志を尊重した支援に方針転換されたという。このような、社会的な所属をもたない人々に対する偏見と差別に、宗教改革的な思想は何も抵抗できないのであろうか。

ルターは、「キリストが私のために［キリストと］なられたように、私も、私の隣人のために一人のキリストとなりたい」（『キリスト教的な人間の自由』）と述べた。この言葉は、繰り返し、根本的に理解される必要がある。ドイツ人でルター派の牧師ボンヘッファーは、キリストを「他者のための存在」、教会を「他者のための教会」と定義した。ルターは、貧しい人々やその家庭の子どもたちのために必要なことを考え、実践を試みた。ボンヘッファーは、ナチスドイツによって迫害されたユダヤ人たちのために必要なことを考え、実践を試みた。それぞれ、時代の制約を受けている。しかし、両者ともに、「私のためのキリスト」という神学的な中心から、社会的な境界線を一歩踏み越えて、目の前に存在する困窮した状態にある人間と出会い、その人々が神から与えられた尊厳に相応しく生きられるよう必要なことを考え、実践していることにおいて共通している。

ただし、教会共同体の成員と社会共同体の成員が同一であった宗教改革時代の文脈において、ルターによって考えられていたのは、共同体を構成する「すべての人間」(＝キリスト教徒)が互いに重荷を負い合う交わりであった。そして、共同体に所属しない人間や異なる宗教に所属する人間は、この交わりの外に排除された。十九世紀から二十世紀には、国家や民族という境界線の外にいる他者が排除され、ドイツのプロテスタント教会もそのような行為に加担してきた。その中で、徹底してキリストを他者(＝すべての人間)のための存在として理解しようとしたボンヘッファーは、宗教改革の精神、つまり聖書の精神をさらに根本的に生きようとしたキリスト教徒であったと言うことができるであろう。

宗教改革以後の歴史は、宗教改革の精神を妨げる社会的・政治的力がいかに強いかを示している。それゆえ、宗教改革の歴史的想起は、その時代の革新的な思想や出来事だけでなく、その後の思想的・制度的発展や後退の歴史についても検証することへと私たちを招いている。そして、そのような批判的な検証を踏まえながら、私たちが呼び出されている時代の現場で、だれもが神から与えられている尊厳に相応しく生きられる世界の実現のために、必要なことを実践していくことが求められている。

歴史探訪――ヴィッテンベルク聖マリエン教会

ヴィッテンベルクを南側から眺望する中世の都市図によれば、西に城教会、東に大学、そして中央に位置する聖マリエン教会が、この都市のシルエットに特徴を与えていることが分かる。一一八七年、すでにその存在に言及されている聖マリエン教会は、ヴィッテンベルクで最も古い建物であり、増築と改築を繰り返し、煉瓦による二つの鐘楼を正面に構える現在の姿を獲得してきた。宗教改革五〇〇年の二〇一七年を目指し、包括的な改装が二〇一五年に終了した。一九九六年以来、ユネスコ世界遺産に登録されている。

聖マリエン教会は市教会と呼ばれ、宗教改革時代には都市宗教改革の中心的な役割を果たした教会である。ドイツ語による礼拝、及び、二種陪餐による聖餐式が最初に実施されたのは、この教会であった。ルターは、この市教会で二〇〇〇回以上の説教を行ったと言われるように、宗教改革的な福音のメッセージが、この教会から世界に向かって語られた。また、新しい教会規則の起草を通して北ドイツの宗教改革に大きく貢献した宗教改革者ヨハネス・ブーゲンハーゲンも、この教会を中心に活躍しており、教会の北側にブーゲンハーゲンの家がある。こうして、聖マリエン教会は「宗教改革の母教会」と呼ばれるこ

クラナッハ「聖マリエン教会祭壇画」1547 年　©Jorg Hackemann / Shutterstock.com

とがある。

教会内で最も古いものは、ルターの子どもたちも洗礼を受けた、一四五七年に作られた洗礼盤である。最も有名なものは、クラナッハ父子によって一五四七年に作成された祭壇画である。中央の祭壇画が父によって、両翼と下部にある飾り台は子によるものである。左翼には、信徒であるメランヒトンが幼児に洗礼を授け、その左でクラナッハ父が布を手に補助し、右側にフリードリヒ選帝侯が聖書を開いて宗教改革的立場を表明する姿が描かれている。右翼には、ブーゲンハーゲンが両手に罪の赦しを象徴する天国の鍵（マタイ16・19）を持ち、穏やかな顔で告解を授けている。悔い改めをする左側の市民に鍵が差し出されているのに対して、それを拒む市民には鍵の向きが反対に向けられている。この時代に、告解における悔い改めが重要視されていたことが分かる。中央の祭壇画には最後の晩餐の様子が描かれている。騎士ヨルグの姿をしたルターに、右端に描かれたクラナッハ子が杯を手渡している。下部の飾り台には、右手に説教するルターが、左手に説教を聞く市民が描かれている。その中心には、キリスト磔刑《たっけい》図が描かれ、ルターがそれを右手で指し示している。こうして、説教で語られる福音の内実が、キリストの贖罪《しょくざい》死における神の恵みの約束であり、これが教会の中心であり土台であることが視覚的に描かれている。ルターの説教を聞く聴衆の中には、ルターの妻カタリーナとその息子ハンスやクラナッハ父も描かれている。この祭壇画は、宗教改革の中心的な教えをシンプルかつ明瞭に視覚的に描写すると同時に、宗教改革の立場から教会とは何であるかを示している。教会内には、その他に、クラナッハ子によるキリストの埋葬をモチーフにしたレリーフや宗教改革陣営と教皇陣営を対称的に描いた「主のぶどう園」がある。また、オルガンは、ルター生誕五〇〇年の一九八三年に設置されたものであり、音楽を神の贈り物と考えたルターの精神に基づき、現代に神への賛美を奏でている。

聖マリエン教会を訪れる人々は、宗教改革の出来事だけでなく、ヨーロッパにおけるユダヤ人迫害の歴史をも想起させられる。十三世紀、当時のヨーロッパの教会がそうであったように、ヴィッテンベルクの

聖マリエン教会の「ユーデンザウ」。
ユダヤ人を揶揄したレリーフ

市教会でも、南東の外壁の角に「ユーデンザウ（ユダヤ人の豚）」という砂岩によるレリーフが造られた。「シェム・ハ・ムフォラス」というヘブライ語のタイトルは、「シェム＝名前」と「ハ・ムフォラス＝明瞭な、明示された」という二つの単語から成り、ユダヤ人の間で神を示すために用いられていた表現の一つである。レリーフには、ラビが豚を神として崇めている様子が描かれており、そのような仕方でユダヤ人とその信仰を嘲笑するものであった。

なぜ、このようなユダヤ人に対する差別的なレリーフが今日に至るまで教会の外壁に保存されているのであろうか。なぜなら、ドイツの市民が言い尽くせないユダヤ人の苦難と自分たちの罪責を想起するだけでなく、何百年にもわたって行われてきた過去の悪行を記憶し、二度とそのような歴史を繰り返すことがないように警告するためである。ここにドイツ市民と教会が過去と向き合う覚悟が表現されている。

長きにわたる議論の結果、一九八八年十一月十一日、水晶の夜（一九三八年十一月九日夜から十日未明）から五〇年後に、レリーフの下に位置する石畳の上に警告の碑が設置された。裂かれた傷口のような十字架が刻まれたブロンズの四方には、「侮辱された神の本当の名前、シェム・ハ・ムフォラスは、それをユダヤ人たちがキリスト教徒の前で言い表すことのできないほど聖なるものと見なしていたものであるが、六〇〇万人のユダ

ユダヤ人犠牲者を追悼する警告の碑

ヤ人と共に十字架の印の下で死んだ」、という言葉が刻まれている。そして、「深い淵の底から、主よ、あなたを呼びます」、という詩編130編１節が刻印されている。

ブーゲンハーゲンの家がある通りはユダヤ人通りという名前がつけられており、かつてユダヤ人地区であった。ヴィッテンベルクに宗教改革の中心となった教会を訪ねる者は、教会内のクラナッハ祭壇画でルターが指し示すキリストの十字架と教会の外の地面に刻まれたブロンズの十字架を目の当たりにする。宗教改革の母教会は、訪ねる人々を、この二つの十字架を想起し、未来を志向することへと招いている。

コラム

ルターとユダヤ人

【エアフルト】

人間ルターと宗教改革の負の歴史

学生時代、神学部のキリスト教史の授業の中で、ルターと宗教改革についで学んだことを記憶してはいても、ルターとユダヤ人の問題について学んだ記憶はない。もちろん、限られた授業時間で、すべての歴史的出来事について学ぶことはできない。したがって、授業で扱われるテーマは、多くの出来事の中から選択されたものであり、ルターの主要な改革思想や功績が選択的に想起されることは妥当なことである。しかし、想起の営みにいざなわれて、ルターという人物にさらに深く迫っていくと、人間ルターの限界や問題も見えてくる。

その中でも、最も否定的な評価を得ている問題は、晩年のルターのユダヤ人に対する態度についてである。

二十世紀前半に台頭したドイツのヒトラー政権によってユダヤ人の大量虐殺が行われたとき、当時のプロパガ

ルターが司祭に叙階されたエアフルト大聖堂とセヴェリ教会

ンダに利用されるような言動を、ルターが、十六世紀に書き残していたという事実がある。たとえ彼自身がそのようなことを意図してはいなかったとしても。ルターの現代的な意義について考えるとき、ルター及びプロテスタント教会の負の歴史と取り組み、それを克服する努力がどうしても必要である。私たちは、歴史の負の遺産とそこから生じる痛みを感じることによって未来を新しく形成する力をも得ることができるからである。

ユダヤ人に理解を示し、期待する初期ルター

ルターのユダヤ人に関する著作は、初期と後期の著作に区別される。その際、特に注目されることは、その間にルターのユダヤ人に対する姿勢が大きく変化していることである。近年の研究は、ルターとユダヤ人の問題を考えるとき、その時々の著作の出版を通してルターが意図したことを歴史的な文脈の中で理解することを求めている。二〇一一年に出版され、このコラムでも大いに参考としたT・カウフマン教授による『ルターのユダヤ人に関する著作』（未邦訳）は、この歴史的な関係を明確に示している。

一五二三年に書かれた初期の著作『イエス・キリストはユダヤ人として生まれた』の中で、ルターはユダヤ人にとても好意的な態度をとっている。初期宗教改革期である一五二〇年代は、「変革」や「革命」という言葉によって表現されるように、大きな変化が生じた時期であった。カウフマンは、この時期のルターが、彼が直面した出来事を、教皇制に対する終末論的な闘いという、壮大な歴史的枠組みの中で理解しており、ユダヤ人の問題も例外ではなかったと指摘している。つまり、ルターは、教皇の教会がこれまでユダヤ人に対して誤った扱いを行ってきたことに、ユダヤ人がキリスト教への改宗を拒んできた原因を見た、ということである。し

かし、今や状況は大きく変化し、聖書の福音が教皇の手から解放され、ユダヤ教の正典である旧約聖書の中にもキリストが証言されていることが、ルターが経験したのと同じように、ユダヤ人たちに正しく理解されるならば、彼らはキリスト教に改宗するであろう、というのがルターの考えであった。ユダヤ人のキリスト教への改宗、それは、宗教改革によって現実に生じている変革の出来事、教皇の教会が打ち倒されて生じる歴史的変化の延長上に起こることとして期待されたのである。そこでルターは、旧約聖書の中でいかにキリストが証言されているかを説明し、中世に典型的な反ユダヤ人的誹謗中傷をいさめ（WA11, 315, 3－13; 336, 24－27）、「私たちは異邦人であるが、ユダヤ人はキリストの血を継いでいる」（WA11, 315, 25－26）と述べ、慈愛をもってユダヤ人に出会うように勧めている。ルターのこの初期の著作は、キリスト教徒とユダヤ人の新しい平和共存の時代の夜明けを告げるかのように思われた。

改宗するまでの期限つきの許容

しかし、ルターが後期、一五四三年に書いた著作は、その後の歴史に大きな禍根を残し、宗教改革者の負の遺産となった。

いまや多くのユダヤ人がキリスト教に改宗するであろうというルターの初期の期待は、裏切られることになった。そのように事態が進展しないだけでなく、「ユダヤ人がキリスト教徒に悪い影響を与えている」ことをルターは問題視するようになった。ここでも、歴史的・政治的背景を理解する必要がある。この時期、ルターは、新しい教会の形成と安定化の課題と取り組んでいたし、彼にとっての安定した社会は、宗教的な同質性が保たれた社会であった。「アウクスブルク宗教平和」について述べたコラムでも確認したように、一つの政治的共同体が一つの宗教的同質性を保つという考えをルターは初めからもっていた。「領主の宗教がその領地の宗教である」。これは、決して今日の意味における宗教的寛容ではなく、宗教の棲み分けの論理であった。この意味で、初期ルターのユダヤ人に対する態度は、宗教棲み分けの論理を前提とした条件つきの許容の態度であった。同質の宗教に改宗する者は滞在を許されるが、そうでない者は移動を求められたのである。

旧約聖書のキリスト論的解釈という神学的立場と、いま述べた政治的立場は、初期と後期のルターにおいて一貫したことであった。しかし、革命によってすべてのものが新しく秩序づけられる転換と移行の期間が過ぎ去り、新しい共同体形成の時を迎えたとき、ルターはユダヤ人に対する態度を激しく変化させたのである。カウフマンが指摘しているように、一見、キリスト教徒とユダヤ人の間に「寛容の春」が訪れたかのように思えた一五二〇年代の旋律は消えてなくなり、現代の私たちには全く異質でおぞましくも見える中世的野蛮さが前面に現れてきたのである。その野蛮さや憎悪は、その時代の精神の表現の一つであったとしても、宗教改革者ルターもまた、そのような時代精神から自由であることができなかったことは、非常に残念なことである。

ユダヤ人の追放を提案する後期ルター

ルターは、一五四三年の問題の書、『ユダヤ人と彼らの嘘について』の中で、世俗当局に対して暴力を使ってユダヤ人を排斥すべきことを勧めている。その勧めは具体的で、ユダヤ教の礼拝堂であるシナゴーグや学校を焼き払い、住居を破壊して路上や家畜小屋に住まわせ、祈祷書やタルムード（ユダヤ教の聖典）は没収し、教師

（ラビ）たちが当局の規則に違反する場合には処刑し、公道での保護を与えず、財産も没収し、若くて丈夫なユダヤ人の男女には、手に農具を持たせ、額に汗してパンを得させるという内容であった。そして最後に、次のような提案を行っている。「私たちもフランスやスペインやボヘミアなどの他の国々の賢さを見習い、彼らと一緒に、ユダヤ人たちがいかに私たちから高利を奪い取っているかを計算し、その後で、それらを友好的に分け合い、しかし、ユダヤ人たちは永遠に国から追放しようではないか」（WA 53, 523, 1－526, 16）。

ヨーロッパ諸国のユダヤ人追放――ルター個人の問題を超えて

実は、十六世紀に宗教改革が起こる以前にヨーロッパの諸国では、すでにユダヤ人の追放が繰り返し行われていた。イギリスからは一二九〇年に、フランスからは一三九四年に、スペインでは一四九二年、ポルトガルからは一四九六年頃、そしてスイスでも宗教改革の時代までに多くの州からユダヤ人が追放されていたという。カルヴァン（一五〇九－一六四年）が活躍したスイスのジュネーヴのユダヤ人たちは、一四九一年に追放されていた。それに対して、ルターが活躍したドイツの地域では、多くの都市でユダヤ人の追放が行われてはいたが、フランクフルトやヴォルムスの他、各地の小さな都市や多くの村々にまだユダヤ人が居住しており、現実に接触や交流がある存在であった。スイスの宗教改革者であるツヴィングリやカルヴァンではなく、ドイツの宗教改革者ルターが、とりわけユダヤ人のテーマに精力的に取り組み、このテーマに特化した複数の著作を書いている背景の一つがここにある。

ユダヤ人に対する憎悪と迫害は、ヨーロッパ全体の問題でもあった。したがって、反ユダヤ人の問題をルター個人の問題としてだけ捉えることは問題を矮小化《わいしょう》することになる。ルターが大学に通ったエアフルトには、十二世紀以来、多くのユダヤ人たちが住んでいた。しかし、十四世紀にペストがこの街を襲ったとき、住民たちの恐怖心はユダヤ人たちへの憎悪と結びつき、暴力的なユダヤ人虐殺へと発展した。一三四九年三月に起こった殺戮の犠牲者は数百人にものぼると言われている。エアフルトでは、数年後にユダヤ人たちが住みはじめたが、十五世紀に再び追放されている。このような出来事がヨーロッパの各地ですでに起こっていたのである。ただし、ルターが、決してユダヤ人の虐殺を提案してはいないことは繰り返し確認されるべきことである。

二十世紀ドイツの人種主義的反ユダヤ主義とルター

一九二三年にドイツで人種主義的な反ユダヤ主義の週刊新聞『シュテュルマー』を創刊したユリウス・シュトライヒャーは、戦後のナチス戦犯を裁くニュルンベルク裁判でユダヤ民族の虐殺を扇動した人道に対する罪で死刑の判決を受けた。この裁判で、シュトライヒャーは、ルターの一五四三年の著作を名指しして、ユダヤ人のシナゴーグを焼き払い、抹殺せよと書き記しているルターの著作が訴えられるなら、彼の被告席にルターが座っているであろうと主張している。ルターからヒトラーへの直接的な連続性があるのかないのかという問いは、ルター研究及び反ユダヤ主義研究におけるテーマの一つになっている。ドイツの教会史家Ｊ・ヴァルマンは、一九八六年の論文の中で、反ユダヤ主義にルターが積極的に利用されたのは二十世紀になってからであり、それ以前にはほとんど見られず、むしろ十九世紀のドイツの教会は、後期ルターの反ユダヤ人的な態度を共有しないという判断を行っていたことを指摘している。より新しいカウフマンの研究は、十六世紀以降の個々の世紀の多様な政治的・経済的・宗教的関心によってルターの初期と後期のユダヤ人に関する著作の受容の仕方も多様であったことを明らかにしている。

つまり、ルターからヒトラーへの歴史的な直線的関係は存在しない。ルターの発言とヒトラーの政策とを単純に結びつけることも、また無関係であると断言することも、歴史的には適切な態度ではない。ニュルンベルク裁判で裁かれたシュトライヒャーは、ナチスによるユダヤ人大量虐殺を支持する自分とルターを同一視した。しかし、ルターは宗教的な問題としてユダヤ人の追放を提案してはいるが、二十世紀前半の人種主義的反ユダヤ主義のように、ユダヤ民族の虐殺や抹殺を求めることは決してしていない。その一方で、ナチスの反ユダヤ主義のプロパガンダに利用されるような、ユダヤ人に対する不寛容で、暴力的な発言を、宗教改革者であるマルティン・ルターが書き記し、出版したことは紛れもない事実である。この事実を確認し、そのような過ちが二度と繰り返されないように努力することを、ルーテル世界連盟は一九八四年に宣言している。今日、ルターの名を掲げる諸教会が、プロテスタント的な良心に基づき、ユダヤ人に関する問題においては、ルターの立場を継承せず、むしろ批判的にそれに対峙することを宣言している。

負の歴史から何を学ぶのか

最後に、カウフマンが彼の『ルターのユダヤ人に関する著作』の最終章で宗教改革の限界について述べていることに注目したい。最後の段落で、カウフマンは、ドイツの神学者アドルフ・フォン・ハルナック（一八五一―一九三〇年）を引用して、ユダヤ人問題について宗教改革者ルターと取り組むことから、「私たちが何を学び、ルターが何を知らなかったのか、純粋で事柄にのみ規定された認識の要求、歴史的判断の相対性」について気がつくことができると述べている。さらにカウフマンは、「至上命令としての宗教的寛容、聖典の多様で〈自分なり〉の読み方の承認、そして、ユダヤの民に私たちの信仰の名によって行われた危害に対する限りのない恥と悲しみ」への気づきを、そこに加えて彼の研究を閉じている。

ルターとユダヤ人の問題の歴史的な想起は、宗教改革者とその時代の限界、さらには、その後の人間と社会のそれぞれの時代における限界を認識させ、現在と未来の平和な世界を創造する責任を自覚させる。ボンヘッファーは、国家と教会権力を超える神の前での良心の自由に立って、ナチス政権とそのユダヤ人迫害に抵抗したルター派の牧師であった。私たちがルターと宗教改革を記念する度に、その限界と可能性をどのように受容するのか、主体的な応答が求められている。

歴史探訪――エアフルトのシナゴーグ

エアフルトでは、上に述べたように、十四世紀にユダヤ人が迫害された後、ユダヤ人の会堂であるシナゴーグは没収され、十九世紀まで穀物倉庫として使用された。そして、時が経ち、改修などを経たため、そこにシナゴーグがあったことは人々の記憶から失われて

ミクヴェの遺跡があるクレーマー橋

しまった。十九世紀の終わりになって、レストランの一部としてダンスホールへと改修され、地下にはボウリング場が設置された。皮肉なことに、ナチス政権時代にも、そこがシナゴーグであったことを知らず、将校たちはダンスを楽しみ、建物の基礎はそのまま保存されていたという。

戦後、しかも、一九九〇年代になって、この建物がシナゴーグであったことが分かり、一九九八年にエアフルト市が土地を取得し、旧シナゴーグとして調査と改修が行われた。その際、一三四九年に、当時のユダヤ人たちが、迫害から財産を守るためシナゴーグの壁の中に埋め込んで隠した大量の財宝が発見された。その中には、三〇〇〇枚以上の銀貨や装飾品などが含まれていた。旧シナゴーグは、二〇〇九年十月から、エアフルトのユダヤ人の歴史が展示される博物館として見学することができ、発見された財宝もそこに展示されている。

また、二〇〇七年には、ゲラ川にかかる有名なクレーマー橋のふもとで、ミクヴェというユダヤ教の清めのための水槽が見つかった。約七五〇年前に遡るミクヴェから、当時のユダヤ人たちの生活を垣間見ることができる。旧シナゴーグもクレーマー橋から数十メートルの距離にある。エアフルトの町もまた、他の多くのドイツの町と同様、ユダヤ人の歴史と深い関わりがある。

旧シナゴーグの西正面

第7章
マルティン・ルターとケーテの家庭

【ヴィッテンベルク】

司祭の結婚と独身制

新約聖書の時代を含め、教会の諸制度はキリスト教の長い歴史の中で成立し、発展してきた。つまり、それぞれの時代と社会的文脈の中で、教会は様々なチャレンジを受けながら、課題の解決を求め神学的な思考と試行錯誤を繰り返し、新しい制度の提案や改革を行ってきた。私たちは、新約聖書の諸文書の中に、そのような神学的営みの最初の足跡を辿ることができる。また、その後のキリスト教史の中に、聖書を読み、その解釈をめぐって議論を行い、その時代その時代に相応しい教会の諸制度を発展させ、改革を実践してきた諸教会の歩みを見出すことができる。

十六世紀の宗教改革もまた、そのような歴史の流れの中に位置づけられる。しかし、この改革は、宗教改革的神学に基づく教会制度の根本的な刷新を通して、キリスト教史に新しい時代を開くことになった。

新約聖書の牧会書簡（テモテへの手紙、テトスへの手紙）では、牧会的指導に責任をもつ人々のことを監督や長老という名称で呼んでいる。これらは、古代教会時代に教職制度の原型と見なされた。牧会書簡の中で、監督や長老は「一人の妻の夫」（一テモテ3・2、テトス1・6）であるべきことが記されている。その後のキリスト教史の中では、修道制における独身の理想が、教会の聖職者たちにも浸透していくことになる。ただし、聖職者及び修道士が独身でなければならないという考えは、西方教会では、一一三九年の第二ラテラノ公会議で初めて普遍的な規則と認められた。東方の正教会においても、修道士には独身が求められる。ただし、聖職者の場合、司祭になる前の輔祭（ディアコノス）への叙聖（カトリック教会の叙階のサクラメント、プロテスタント教会の按手礼に相当）を受ける前であれば、結婚は認められている。つまり、結婚から叙聖という順序は可能であるが、叙聖から結婚という可能性はない。そのため、正教会で結婚を希望する輔祭候補者は、輔祭としての仕事をはじめるまでに、何としてでもパートナーを見つける必要がある。場合によっては、結婚のために輔祭への叙聖を遅らせたり、あるいは逆に早めることで急な任職に間に合わせたりすることもある。プロテスタント教会では、いずれの順序も認められている。ちなみに、カトリック教会でも正教会でも、結婚はサクラメントであるため、離婚は認められていない。

中世ヨーロッパの教会において、聖職売買と聖職者の結婚を禁止することが教会改革の中心的な主題と見なされてきた。これらは二つの別々の問題ではなく、互いに密接に関連し、さらには教会がその社会の中で独自の宗教的立場を確立できるかどうかという極めて政治的な問題と関わっていた。当時の教会権力と世俗権力は、一方で緊張関係にありながら、他方で密接な関係にあった。つまり、世俗の権力者や富裕層たちが、高位の聖職者の地位を高額な資金によって取得することで、霊的な教会の支配権が権力者や金持ちに専有されるということが起こっていた。さらに、聖職者の結婚が認められ、高位聖職者の地位がその子どもたちに世襲的に譲渡されるならば、教会は永続的に権力者たちや一定の富裕な社会階層に従属した組織になりかねない。当時の教会は、ローマ教皇権を強め、聖職者の結婚と聖職売買を禁止することで、教会の力を世俗の権力者たちから取り戻す努力を行っていた。そこに、中世の教会の改革運動の特徴がある。聖職者の独身制の主張は、常に道徳主義的・禁欲主義的な通奏低音に支えられてはいたが、封建主義社会における教会組織の政治的自由の実現という理由にも基づいた改革精神によって、制度化されるに至ったのである。

このような制度化と同時に、結婚をしない司祭や修道士の地位は、キリスト教における最も高く理想的な生のあり方であり、逆に結婚生活を営む世俗的な生は宗教的に価値が低いものと見なされるようになっていた。しかし、第二ラテラノ公会議以降、様々な修道院や教会における改革運動の努力が行われたにもかかわらず、聖職売買も、修道士や聖職者の妻帯も無くなることはなかった。宗教改革前夜になると、教会に対する批判はますます強くなった。聖職者や修道士の無知や道徳的退廃、聖職売買によって一人の高位聖職者が複数の役職を実態もなく兼務し、教区に聖職者が不在であること、さらには贖宥《しょくゆう》状販売への批判も高まった。そのような中で、宗教改革が起こり、宗教改革者ルターが聖書から汲み取った信仰義認の教説を核として新しい改革に乗り出したことは、これまでに見てきたところである。

ルターの結婚観

すでに本書の第2章で、ルターの修道制に対する態度について述べた。一五二一年の『修道士の誓願について』の中で、ルターは、テモテへの手紙一3章2節、テトスへの手紙1章6節に基づき、司祭の結婚の正当性を主張している。しかし、結婚ではなく独身にとどまることがその人に与えられた召命であるならば、独身についても積極的に語ることは可能であった。ルターにとって、結婚しているか、独身であるかによって、その人の宗教的な価値に優劣の差は生じない。宗教的な救済は、人間の側の道徳的行為に依存せず、ただ神の恵みにのみ基づくからである。だからと言って、放縦な生活を意味する自由が推奨されているのではなく、ルターは常に神と隣人への奉仕に向けられた自由を考えていた。

ルターは、一五一九年初頭には、なお禁欲的で結婚に消極的な立場であったのに対して、その後、次第に結婚について積極的に語るようになっていった。一五二〇年の宗教改革三大文書である『ドイツのキリスト者貴族に与える書』や『教会のバビロン捕囚』の中でも、聖職者や一般市民の結婚をめぐる諸問題に言及しており、その後も結婚を主題にした様々な文書を残している。初期の諸文書を読むとき、修道院での独身生活をしてきたルターが、結婚生活をする以前から、あたかも結婚セラピーに精通した人物であるかのような発言を行っている事実に驚かされる。もちろん、ルター自身が自分の問題として性の問題と向き合う経験をしているが、そのような個人的経験を超えた性生活の問題、生殖機能の不全、不倫や内縁の関係、非嫡出子（婚外子）への義務、再婚の可否といった結婚生活の中で経験される様々な問題について具体的な助言をしている。おそらく、司祭としての牧会的実践の中で培われた知識がそこに反映されているのではないかと思われる。

ルターは、『教会のバビロン捕囚』の中で、聖書的根拠に欠けるとして結婚のサクラメント的性格を否定している。それゆえ、今日でも、宗教改革的な理解に基づけば、結婚は世俗的な法制度の中で保証される関係であり、その証明書が教会での結婚式に先立って要求されるのであって、その逆ではない。それゆえ、プロテスタント教会の中では、しばしば、ルターに言及して、結婚が世俗的・社会的な事柄になったと言われることがある。しかし、それにもかかわらず、ルターは結婚について神学的に語ることを止めてはいない。一五二二年の著作『結婚生活について』（ドイツ語）の中で、ルターは、結婚について神学的に明らかに積極的に語っている。その際、ルターは、神による男と女の創造について述べられている創世記1章27節以下に基づき、次のように説明している。

だから、同様に神は、人が男であれとか、女であれと命じているのではなく、そうあるべき存在として創造されたのである。それゆえ、また神は、産み増えよと命じているのではなく、産み増えるべく創造されたのである。(WA 10/II, 276, 25 – 29)

つまり、結婚は、二人の自由な決定以前に、神によって基礎づけられた創造の秩序であることを告げている。創造の秩序であるから、結婚は、キリスト教徒のためだけでなく、異教徒も含めて、人類のはじめから人間に基本的な生の一形態として、神によって望まれ、定められた秩序と理解されることになる。ルターは、この秩序の中で、セクシャリティは適切なコントロールのもとに置かれはしても、忌避されるべきものではなく、むしろ積極的な意味をもっていると考えている。ルターが結婚を正当化するときに、性的衝動の抑制と管理という消極的な理由が見られるのは確かである。しかしルターは、結婚というテーマにおいて、子どもを産み、両親として子どもを養育することを、より重要な事柄として考えているように思われる。ルターにとって、結婚をするか独身を貫くかという人生形態の違いによって、世俗的か霊的か、宗教的に劣った生活か優れた生活かが規定されることはない。結婚して、キリスト教的に子どもを養育する両親の課題もまた霊的な課題であり、神のみ心に適う人生形態であった。

本書の他の章でも宗教改革と結婚について述べてきた。最初に宗教改革を支持する司祭が結婚式を行ったのは、一五二一年五月であった。ルターの周辺では、司祭や修道士の結婚が次々に行われていた。しかし、ルター自身は、一五二四年十一月三十日にシュパラティンに宛てた手紙の中で次のように述べている。

これまでもってきた、そして今なおもっている考えによれば、私が結婚するということは起こらないでしょう。それは、私が身体と性を感じないということではなく、――私は棒きれでも石ころでもないので――私の意識が結婚に向かわないからです。なぜなら、私は、日々、死と異端が受ける罰を予期しているからです。

(WABr 3, 393, 21 – 25)

しかし、それから約半年後の一五二五年六月にルターは結婚を決断することになった。そこで、次に、宗教改革者ルターが、後の半生を共に過ごすことになった女性との出会いと結婚の経緯について見る。

カタリーナ・フォン・ボラとの結婚

ルターの妻は、ルターが呼び名につかったケーテの愛称でよく知られている。本名は、カタリーナ・フォン・ボラ、一四九九年一月二十九日にライプツィヒから南に約二〇キロ離れたリッペンドルフで生まれた。十歳のとき、東に約四〇キロ離れたグリンマ近郊にあった、シトー会のニムブシェン女子修道院に入り、その六年後に修道誓願を立てている。一五二〇年代初頭には、ルターの著作が各地に広がり、ニムブシェンの修道女たちもルターの教えに触れていたようである。そして、一二人の修道女たちが、ルターを頼って修道院から逃げ出すことを考えた。ところが、ニムブシェンの修道院は、ルターと敵対するゲオルク侯が統治していた地域にあり、修道女の誘拐は死罪となるため、修道女たちの逃走を助けることは、非常に危険な行為であった。そこへ、ニムブシェンとヴィッテンベルクの中間地点にあったトルガウの市民、レオンハルト・コッペという人物が、一役買って出た。コッペは、ニムブシェン修道院に、例えば、工具や食料品、トルガウビールや魚を荷馬車で定期的に配達しており、侵入経路と逃走手段が整えられた。決行は、一五二三年四月四日から復活祭の五日未明、伝説によれば、コッペは修道女たちを空になったニシン樽に隠して運び出したと言われている。しかし、その根拠となっている一六〇〇年頃の伝承では、「ニシン樽を運び出すかのように」という表現で伝えられているという。

一二人の修道女の内、三人は故郷に戻り、残りの九人がヴィッテンベルクにやってきた。元修道女たちは、ヴィッテンベルクの様々な家庭に受け容れられ、パートナーを見つけ、結婚していった。カタリーナを含む何人かは、クラナッハの家に住むことになった。カタリーナは、当初、ニュルンベルクから来ていた一歳年上のヒエロニムス・バウムゲルトナーと知り合い、二人は互いに魅かれ合ったようであるが、この恋が実ることはなかった。その後、大学関係者のカスパー・グラーツとの縁談の話が出るが、そのことを知ったカタリーナは、ルターの同僚ニコラウス・フォン・アムスドルフ（一四八三―一五六五年）に、「結婚するとすれば、彼（アムスドルフ）かルターかのいずれかである」と述べて断ったと言われている。この一件からも、カタリーナという女性が、周囲の社会的地位のある男性たちの意向にただ従うのではなく、自分の感情や考えを表現し、さらには自己の主張を貫こうとする人物であったことが窺える。ルターはと言うと、実はカタリーナでなく、別の修道女、アヴェ・フォン・シェーンフェルト（不明―一五四一年）の方に関心があったようであるが、彼女は一五二四年にある医者と結婚してしまった。

一五二〇年代初頭のヴィッテンベルクでは、修道士や司祭たちの結婚、そしてニムブシェン修道院から逃げてきた修道女たちの結婚をめぐって、様々な人間模様が展開された。ルターは、この時期、自分の宗教改革的な主張が、急速に各地で実践に移されていく様子を目の当たりにしていた。一五二二年にはヴィッテンベルクの宗教改革的陣営内部の不和が表面化し、続く一五二四年から一五二五年にかけて農民戦争が起こり、宗教改革の将来は不透明な状況にあった。そんな中、ルターは、修道的独身制を批判し、結婚を神の創造の秩序として積極的に語り、仲間たちの結婚を世話し、支持していた。しかし、個人的な心配や政治的状況への憂慮から、自分自身の結婚については、シュパラティン宛ての手紙にも見られたように、消極的なところがあった。残されている史料からだけでは、最終的な結婚に踏み切ったときのルターの思いの詳細を十分に知ることはできない。

一五二五年六月十三日の夕べに、クラナッハ夫妻と他の友人たちとの前で、市教会牧師ブーゲンハーゲンによってマルティン・ルターとカタリーナ・フォン・ボラの結婚式が執り行われた。ただし、広く公の場で結婚が祝われたのは、それから二週間後の六月二十七日のことであった。半年前に結婚について躊躇していたルターではあるが、このとき彼の覚悟が決まっていたことは、次のような発言から推測される。

もし、私が密かに結婚していなかったなら、妨げられていたであろう。なぜなら、私のとても親しい友人たちはみな、これではなく、他の女性にと叫んだのだから。（WATr 2, 166, 7–8）

元修道士と元修道女の結婚が、世間に多くの悪意ある噂の原因となることは十分に予見できたことであった。それゆえ、ルターは、まずごく限定された仲間内で結婚式を行い、それを後に公の場で披露する方法を取ったのであろう。しかし、悪い評判が立つかもしれないことを覚悟の上で、ルターは、カタリーナと結婚することを決断したことに変わりはない。結婚後のカタリーナの愛称はケーテであった。そこで、ここからはケーテという愛称を用いることにする。

ルターの家（旧アウグスティヌス隠修士会修道院）

ルター家の家政

ルターとケーテの結婚後の住まいは、かつてのアウグスティヌス修道院の建物であった。結婚して、まずケーテがしなければならなかったことは、ルターの寝床の腐った藁《わら》を処分することであったという。結婚したことによって、ルターの仕事内容が変わるということはなかった。しかし、ルターの日常生活の風景は大きく変化し、夫として、また後に父親として遭遇する新しい経験と挑戦は、彼の残りの生涯に深い影響を与えることになった。様々な伝記は、経済的なことに無頓着であったルターに対し、彼女がとても家政の能力に優れた女性であったことを指摘している。そして、それは確かにそのようであったと思われる。ルターは、男は外で仕事をし、女は家と子どもを守るという典型的な男女の役割分担を神による秩序と考えていた。この点では、今日の視点からは時代おくれと言われても仕方がない。家父長的・封建的な社会とそれを正当化するような聖書理解の態度については、歴史的批判的に議論することは必要であろう。ルターも時代の子として批判を免れ得ない。しかし、残された史料から、ケーテがルターの意見に反対することは可能であったし、ルターが家政に対するケーテの考えや実践を尊重していたことも窺える。何よりも、二人の間でおそらく互いの責任の領域に関わることも含めて率直に意見を交換できる雰囲気があったようである。

ルター家の収入と所有物

ルターは、部屋数の多い大きな修道院施設から、いずれは出ていきたかったのであるが、ケーテの願いを聞いて、そこにとどまることになった（WATr 3, 46, 25f.）。またケーテは、これもルターの気が進まなかったことであるが、土地を購入することで、将来の財政難に備える計画を進めてもいた。結婚後に選帝侯が定めたルターの収入は一〇〇グルデンと現物支給としてのライ麦、穀物、薪などであった。ルター家に関する考古学的な研究から、一〇〇桶のライ麦から一万四〇〇〇個のパンが焼け、五六〇〇リットルの大麦麦芽から同量のビールが醸造されたことなどが分かっている。当時のヴィッテンベルクはインフレーションが進み、ルターの給与は四〇〇グルデンまで上昇し、メランヒトンと並んでヴィッテンベルク大学で最も給与の高い教授であったという。そこに、ケーテが始めた学生寮による収入やその他の雑収入が加わった。また、一五四二年の税金に関わる文書から、豚八頭、牛五頭、子牛九頭、山羊一頭、子山羊二頭の家畜を所有していたことが分かっている。その他、税金がかからないものとして、蜂、鶏やアヒル等も飼われていた。また取得した土地に流れる小川から魚が獲れた。家畜の飼育や屠畜、菜園や果樹園における種まきや収穫、バターやチーズ作り、パン焼きやビール醸造やワイン醸造の作業、そして日々の食事の準備等、複数の雇人なしにこれらの家政すべてをまかなうことは無理だったであろう。

ルターとケーテの間には六人の子どもが生まれた。ルターは、その他に、甥や姪をはじめ複数の子どもたちを引き取っていた。また、ケーテの親戚や子どもたちの教師、そして雇人たちが同居していた。寮の学生たちだけでも常に三〇人から四〇人が住んでいたと言われる。さらに、外国や諸地方からの来客や避難してきた人々も滞在していた。この大きな共同体を経済的に管理し、毎日、具体的に切り盛りするという責任を、ケーテは見事にやってのけることができる人物だったのである。

ルター博士と女主人

ルターは、知人に宛てたラテン語の手紙の中で、ケーテからの挨拶を送る際、ケーテのことを「女主人（mea Domina）」（WABr 6, 150, 3）や「私の主人（meus Dominus）」（WABr 7, 57, 13）と呼んだりしている。ケーテに宛てたドイツ語の手紙でも、ルターは、しばしばケーテに対し「私の主人（meinem Herrn）」（例えば、WABr 5, 154, 1; 545, 1 など）と呼びかけている。このような呼称からだけで、ケーテが支配的であったとか、悪妻であったなどと結論することは早急にすぎる。二人は共に、それぞれが責任をもつ役割に対して敬意をはらっていた。ケーテを「私の主人」と呼ぶ手紙の一つに、ルターがマールブルク会談（一五二九年十月一日–四日）直後の十月四日にケーテに宛てた手紙がある。

私の親愛なる主人、カタリーナ・ルター、ヴィッテンベルクの博士かつ説教者へ

キリストの恵みと平和がありますように。親愛なるケーテ氏（Herr Käth）、私たちのマールブルクの友好な会談が終わりました。私たちは、ほとんどすべての条項で一致しています。ただ、相手は聖餐における単なるパンを主張し、キリストがその中に霊的に現在していることを告白することを望むことはありませんでした。

（WABr 5, 154, 1－6）

相手とはスイスの宗教改革者ツヴィングリのことである。そして、同じ手紙の中で、ルターは、ツヴィングリとバーゼルの宗教改革者エコランパディウスの主張をラテン語でも紹介し、ケーテに彼らの主張をヴィッテンベルク市教会牧師のブーゲンハーゲンに伝えてくれと書いている。つまり、ルターは、歴史に残り、神学の教科書で取り上げられる、かの有名な議論の内容を、誰よりも先に、自分の妻ケーテに手紙で書き知らせているのである。そして、宛て名には、「主人」だけでなく「博士」と「説教者」の冠をつけている。これは、元来、ルターに向けて語られるべき敬称である。それをルターはケーテに向けて語っている。そこにはルターのユーモアも感じられるが、それ以上に、ルターがケーテを神学や信仰について語り合うことができるパートナーと認識していたことが読み取れるように思う。学識の広さや社会的地位、そして性別とそれに基づく社会的役割は決して同じではなかった。しかし、互いに人間として対等に語り合えるパートナーシップがなければ、このような呼びかけ

や、手紙を書くことはできなかったのではないだろうか。また、食卓での会話を記録した卓上語録には、例えば、ダビデが主張する正義に対する疑念（WATr 2, 660, 1－9; WATr 5, 572, 15－18）やアブラハムに息子イサクの犠牲を求めた神に対する戸惑い（WATr 1, 522, 16－27; WATr 2, 635, 6－19）をケーテが述べ、それに対してルターが説明を試みるという場面も見られる。ケーテは、台所の責任をもつだけでなく、食卓での神学的な議論にも積極的に参加していた様子が窺える。ちなみに、例に挙げた聖書テキストをめぐる会話は、ドイツ語とラテン語が混在した仕方で記録されている。ケーテが女子修道院時代に受けたラテン語等の教育が、このような夫婦間のやりとり、そして食卓における議論への参加を可能にしていたのであろう。それは、宗教改革以前の修道制における女子教育の成果である。

ルターとケーテの間のエピソードは、宗教改革史家ベイントンが指摘しているように、すべてルターの残した証言によって再構成されているため、あくまでルターから見たケーテ像ということになる。経済的に厳しい状況の中で家政をやりくりしていた妻を尻目に、広い交友関係をもつルターは、何かと大盤振る舞いをしようとする傾向があったようだ。ケーテは、そんなルターに手綱をかけると同時に、仕事でもっと収入を得るように奨めることもしたようである。ルターが卓上語録で次のように述べている。

しばしば、私の妻は、お金のために講義をするよう説得しようとした。（中略）私は生涯、お金のために原稿を売ることや講義をすることはしなかった。（WATr 4, 432, 7－9）

ルターは、他の卓上語録にあるように、自分の家の家政が「収入よりも多くを消費している」奇妙さに気がついていた（WATr 3, 13, 10f.）。しかし、彼自身は、経済的収入を増やすための施策について積極的ではなかったようである。だからといって、ルターは、自分の家族の経済状況について、全く考えなかったわけではない。むしろ、様々な病気を患ってきたルターは、自分の亡き後の家族のことを心配して遺言を作成している。

第１章で書いたように、ルターは、腎臓結石を患い、一五三七年のシュマルカルデン滞在中に死を予感し、そばにいたブーゲンハーゲンに最初の遺言を伝えた。その後、再び回復したルターは、一五四二年になって、もう一度、妻ケーテの将来的な生活が保障されるよう遺言を作成し、ケーテのためにできるかぎりのことを試みている。ルターが、遺言の中で、妻であるケーテを唯一の相続人かつ子どもたちの後見人に指定していることは、当時の家父長的な法制度に明らかに反するものであった。これは、ルターがケーテを一人の女性としてだけでなく、ルター亡き後のルター家の主人に相応しく有能なパートナーとして認めていたことの証拠ではなかろうか。少なくとも、ルターがケーテに絶対的な信頼を寄せていたということは言えるであろう。

続いて、二人の家庭の様子をルターと子どもたちの関係を中心に見ていく。

ルターと子どもたち

ルターとケーテは、六人の子どもを授かった。長男ヨハネス（愛称ハンス）が生まれたのは、結婚から一年後の一五二六年六月七日のことであった。翌年十二月には長女エリザベートが生まれたが、ルターとケーテは、わずか八か月で、幼いエリザベートを天に送ることになった。長女が息を引き取ってから二日後に書かれた手紙の中で、ルターは、「父親の心が子どものことでここまで脆くなるとは、いままで考えたこともなかった」（WABr 4, 511, 5－6）と書き記している。しかし、間もなく、ルターとケーテに再び大きな喜びが訪れた。ケーテが再び妊娠したということである。エリザベートを亡くしてから九か月後に、再び愛らしい娘が与えられた。名前はマグダレーナ、みんなからレーナちゃん（Lenchen）と呼ばれた。ルターは、レーナを特別にかわいがった。長男ハンスにとっても、物心ついた頃に与えられたかわいい妹で、よく世話をしてあげていたようである。その二年後の一五三一年十一月には次男マルティン、一五三三年一月には三男パウルス、そして一五三四年十二月には三女マルガレーテが生まれた。若くして修道士になったときのルターには、想像もつかなかったであろう生活が元修道院の建物の中ではじまった。結婚してから亡くなるまで、宗教改革者ルターは、いつも子どもたちに囲まれた生活をしていた。

シュヴァートゲブルト「ルターの家族」（1843年）

おむつを洗うことも神への奉仕

ある日の卓上語録は、赤ん坊が一時間も泣き続けたとき、ルターが、「これぞ結婚の煩わしさであり、これが理由で、だれもが結婚を避けている」（WATr 3, 40, 12 – 13）とコメントしたことを伝えている。ルターは、すでに一五二二年の著作『結婚生活について』の中で、結婚生活がいかに面倒なものであるか、子どもの世話などを例に述べている。彼が、まだ結婚生活を自分で経験する前のことである。

もし、（中略）（異教徒たちが最も賢いものであることを求めるがゆえに従う）自然的理性が結婚生活というものを見るならば、それは見下しながら次のように言う。「ああ、私は子どもを抱いてゆすり、おむつを洗い、寝床を整え、悪臭を嗅ぎ、夜に目を覚まし、泣き叫ぶのをあやし、（中略）その後は妻の世話をし、食べさせ、働き、こっちで世話し、あっちで世話し、こっちやあっちであれこれ行い、あれやこれを耐え苦しむ必要があったのか。その他、結婚が煩わしさや苦労について教えていることを。おや、私はこんなにも束縛される必要があったのか。（中略）自由の身のままで、心配事なしに平穏な生活を送る方がましだ」（WA 10/II, 295, 16 – 25）

「自然的理性」の判断と見なしている人間の一般的経験に基づく結婚観に対し、キリスト教的信仰から見た結婚については、次のように述べられている。

しかし、キリスト教的な信仰は何と言うであろうか。それは、その瞳を開き、これら卑しく、不快で、軽蔑されたすべての業を霊において見る。そして、それらすべてが、高価な金や宝石のように神のみ心によって飾られていることに気づき、次のように語る。ああ、神よ、私は、あなたが私を一人の男として創造し、私の身体から子どもをつくられたことを確信しているので、それがあなたのみ心に最善な仕方で適っていることも知っており、私が子どもを抱いてゆすり、おむつを洗い、妻の世話をするに相応しくないことをあなたに告白する。どのようにして、私は、功績なしに、あなたの被造物とあなたの最愛のご意思に仕えることを確信するという誉れに至ったのであろうか。ああ、いかに喜んで私はそのような事を行うであろうか、もし、それがもっと卑しく、軽蔑されたものであるなら。今や、寒さも暑さも、苦労も労働も、私を不愉快にすることはない。なぜなら、私は、それがあなたのみ心に適うことを確信しているからである。（WA 10/II, 295, 27－296, 11）

理性的に見るならば、結婚はとても煩わしいことでいっぱいかもしれない。しかし、キリスト教的な信仰は、それを霊的な目で見る。つまり、結婚に伴う煩いは、もう一度、今度は神の前で見直されることになる。ルターにとって、結婚は神の創造の秩序に属する霊的で尊い責任ある営みであった。人間はと言うと、神の前で自分自身を省みるとき、元来、神に相応しい聖なる存在ではない。それにもかかわらず、神のみ心である結婚の営みに参与し、仕えることが許されている。このように、神の前で結婚を霊的な目で見るとき、結婚の営みと同時に、それに参与する自分自身の尊さを発見することにもなる。独身として生きる修道制の中にではなく、ルターは、結婚生活の中に、具体的に言えば、おむつを洗う行為の中にも、神への霊的奉仕を見ているのである。

結婚していることと、結婚生活を理解することは、まったく異なる事柄である。（WA 10/II, 294, 21－22）

キリスト教的な信仰によって、結婚生活の煩わしさにもかかわらず、そこに隠された豊かな意味の可能性が開かれる。この霊的な深みの次元で、結婚生活、そしてその豊かさが、はじめて理解されることになる。この著作は、ルターによる、いわゆる結婚セラピー本である。それは、しかし、単なるノウハウを教えたものではなく、宗教的な視点を通して、もっと深い人生の背景から結婚生活の意味を省みることへと人々を導いている。ルターは、この著作を書いて約三年後に結婚生活を行うようになり、彼自身がまさに幼い子どもたちのことで日々、多くの煩わしさを経験することになったことは、先の卓上語録で見たところである。また、エリザベートを幼くして失った悲しみは、結婚を通してルターに与えられたとても辛い経験であり、大きな試練であった。ルター自身が、結婚生活と子育て、しかもそこに伴う煩わしさを通して、他者への深い関わりや愛情が育まれる経験をしていくことになった。いくつか、ルターの子どもへの関わりを例に挙げて、彼が結婚生活に働く神のみ心をどのように経験していったのかを具体的に見てみたいと思う。

煩わしさの中で育まれる愛情と信仰

ハンスの場合

一五二七年の八月から冬にかけてヴィッテンベルクはペストに見舞われた。ルターは選帝侯の勧めにもかかわらず都市内にとどまっていた。十一月のある手紙には、一日で一二人が亡くなり、その多くが子どもであったことが記されている（WABr 4, 276, 16－19）。同じ時期に、まだ約一歳半のハンスが八日間、原因不明の熱のため床に伏していた。ケーテが、十二月に出産予定のエリザベートをお腹の中に抱えていたときのことであった。ペストが流行したヴィッテンベルクで、ルターたちが住んでいた元修道院でも患者が療養していた。ルターもケーテも、ハンスの熱がペストによるものでなく、一日も早く回復することを日々祈っていたことであろう。一二日目になって、ようやくハンスは少しだけ食べることができるようになった。そのときのハンスの様子を見て、ルターは、「素晴らしい、いかに子どもが子どもなりに、にこやかで強くあることを望んでいることか」（WABr 4, 280, 28f.）と述べ、弱さの中で強くある可能性を子どもから学んでいる。

それから数年が経ち、ハンスが四歳になって間もない一五三〇年六月十九日に、当時、ルターがアウクスブルク帝国議会の関係で滞在していたコーブルクから息子ハンスに宛てた手紙が残っている。少し長くなるが、以下に訳出してみたいと思う。

ヴィッテンベルクの最愛の息子ハンス・ルター坊やへ

キリストにある恵みと平和があるように。心から愛するわが息子よ、私は、おまえがよく勉強し、一生懸命に祈っていることを喜んで見ています。だから、我が息子よ、それを行い続けなさい。家に帰るときには、おまえに素敵なお土産を持って帰ろうと思っています。

私は、可愛らしく、素敵で楽しいお庭を知っています。そこには、たくさんの子どもたちがやって来ます。

黄金の服を着ていて、木の下で、美味しそうなリンゴ、梨、サクランボ、黄色やその他の種類のプラムを拾い集めています。そして、歌い、飛び跳ね、楽しそうにしています。それから、金の手綱と銀の鞍をつけた素敵なポニーもいます。そこで私はその庭を所有している人に尋ねてみました。「どんな子どもたちがいるのでしょうか」。すると、彼は答えました。「喜んで祈り、勉強する、誠実な子どもたちです」。そこで私は言いました。「親愛なる方、私にも一人の息子がいて、ハンス・ルター坊やというのですが、彼もこの庭に来て、そのような美味しいリンゴと梨を食べ、あのような素敵なポニーに乗り、この子どもたちと一緒に遊ぶことはできますか」。すると、その人は答えました。「もし、その子が喜んで祈り、勉強し、誠実な子どもであるなら、彼もこの庭にやって来るでしょう。〔お友だちの〕リップスとヨストも。そして、みんな一緒にやって来たときには、笛や太鼓、リュートやその他あらゆる弦楽器を与えられ、踊ったり、小さな弓を射ったりするでしょう」。（中略）「ああ、親愛なるご主人、私はさっそく戻って、これらすべてを愛する我が息子に書きたいと思います。一生懸命に勉強し、祈り、誠実な子どもでいることで、彼もこの庭にやって来られることを。しかし、彼にはレーナおばさんがいて、彼女と一緒に来なければなりません」。すると、その人は答えました。「もちろんです。行って、そう書くといいでしょう」。

だから、愛する息子、ハンス坊や、勉強し、安心して祈りなさい。そして、リップスとヨストにも、勉強し、お祈りすれば、一緒にお庭にやって来られることを伝えなさい。では、さようなら。レーナおばさんに私からの挨拶と接吻を届けてください。

あなたの愛する父、マルティン・ルター（WABr 5, 377, 1–378, 32）

ハンス坊やは、どんな気持ちでこのお父さんからの手紙を読み聞いたことであろうか。自分の知らない町に旅する父から、不思議で素敵な場所があることを聞き、そこに行ってみたいと、さっそくに勉強に励み、熱心にお祈りをしていたのかもしれない。ルターは、よく旅に出ることがあり、その度、子どもたちに持って帰るお土産を探していた。お土産は、その地方のおもちゃであったり、その時代にはとても珍しく貴重であった砂糖で作られた砂糖紙であったりした。ルターの子どもたちは、父の厳しさに触れることもあったが、父が旅先で、いつも自分たちのことを思っていてくれることを知っていた。お土産や先ほどの手紙は、そんな父の思いを伝えるものであった。

マグダレーナの場合

本書の第2章で、修道院に入る前の学生時代に、ルターが身近な交友関係の中で、突然の死を経験していたであろうこと、また彼自身が落雷に遭遇し、突然の死の恐怖に襲われたことについて触れた。自分自身の中に、神の裁きに耐え得る根拠を見出すことができなかったからである。ルターは、世俗的な世界を離れ、修道院の壁の中に、最後の審判から身を守る方策を求めた。

しかし、その後、聖書のメッセージの中心が、神の裁きと人間の功績にではなく、むしろ、神の赦しと信仰にあることを理解した。死の恐怖から人間の魂を守り、解放することができるのは、人間の努力ではなく、神の約束のことばとそれを受け容れる信仰であると。この信仰義認を神学的土台として、ルターは宗教改革者となった。

先行するのは、人間の行為ではなく、神の行為であり、神のみ心であった。この信仰に生きるとき、信仰者は、もはや絶望の経験を避ける必要はない。なぜなら、その絶望を人間自身が負うことはできないが、キリストの十字架によってすでに負われているものとして負うことができるからである。そして、ルターは、今度は、この宗教改革的な信仰の視点から、死と向き合い、死を経験することになった。

結婚し、子どもを育てるとき、その出会いの喜びには、いつか訪れる別れと死の経験が含まれている。ルター夫妻は幼い娘エリザベートを失う経験をした。その後、次女マグダレーナが生まれるが、その次の年の一五三〇年に、ルターの父親が亡くなっている。さらにその翌年に、ルターは母親とも別れなければならなかった。幼いハンスとマグダレーナの存在が、当時、ルターの悲しみを和らげてくれたであろう。この兄妹は顔立ちもよく似ていたという。二人は健やかに育ち、その後に生まれた三人の子どもたちも元気に育っていった。

しかし、ルターとケーテを、再び、我が子を失う辛い経験が待っていた。十三歳のマグダレーナが一五四二年九月に病気になり、見る間に衰弱していったのである。八月末に長男ハンスがトルガウにあるラテン語学校に旅立ってすぐ後のことであった。九月十六日（あるいは十七日）、ルターはトルガウのラテン語学校の校長マルクス・クローデルに至急の手紙を書き送っている。

恵みと平安を。親愛なるマルクス・クローデル。私の息子ヨハネスには、私がここに書くことを秘密にしておくことをお願いします。私の娘マグダレーナが死に瀕しており、間もなく天国の真の父のもとへ行くことになりそうです。神が別のことを望まれない限り。しかし、彼女は、兄に会うことをとても望んでいるので、私

クラナッハ「マグダレーナの肖像」（1540 年頃）

は馬車を送ることが必要だと考えました。二人は互いにとても慕っていたので、もしかしたら彼の到着によって、また元気になることがあるかもしれません。私は、機会を逸して良心が責められることがないよう、私のできる限りのことを行います。だから、彼に、何も理由を告げることなく、馬車でこちらに急いで来させてください。彼は、彼女が主のもとに永眠するか、あるいは息を吹き返すかすれば、すぐに戻るでしょう。主のもとにごきげんよう。彼に課されていることは秘密であると、彼に伝えてください。他はみな元気です。（WABr 10, 147, 1－10）

ハンスがトルガウから戻って間もなく、父親の願い、そして兄の励ましもむなしく、マグダレーナは九月二十日に息を引き取った。三日後に、ハレ在住の友人ユストゥス・ヨナスに宛てた手紙に、ルターはその時の深い悲しみを綴っている。

私が心から愛した娘マグダレーナが、永遠なるキリストの国によみがえったという知らせは、あなたにもいっていると思います。そして、私と妻は、こうして肉とこの世の支配、そしてトルコ《ママ》人と悪魔の支配から逃れた、彼女のそんなにも幸せな帰郷と祝福された臨終に、ただ喜び、感謝すべきなのでしょうけれども、愛の力があまりにも大きく、むせび泣くことや心から悲嘆に暮れることとなしに、いや大きな死をまとうことなしにはいられません。なぜなら、生きているときと亡くなるときの従順で慎ましい彼女の眼差し、言葉、振る舞いが心に深く刻まれているからです。キリストの死さえも（彼の死に比べてすべての死は何であるというのか）、たとえそうであるべきであっても、これらすべてを取り去ることはできません。だから、あなたが私たちに代わって神に感謝を述べてください。なぜなら、神は真に偉大な業を私たちに為してくださったからです。神は、私たちの娘に栄光を与えられました。彼女は（あなたも知っているように）、柔和で親しみやすく、だれからも愛されていました。彼女をお召しになり、選び、栄光を与えた、主イエス・キリストに祝福がありますように。ああ、けれども、私と私たちの関係者すべてに、そのような死が、それどころか、そのような生が与えられますように。それだけを、あらゆる慰めと慈愛の父なる神に懇願します。この神のもとで、ご家族と共にお元気で。アーメン。（WABr 10, 149, 20－35）

ルターは一方で、娘マグダレーナの死は、それで終わりではなく、むしろ、この世の支配から解放され、キリストのもとで永遠の命によみがえることであるという信仰を表明している。しかし、他方で、この世における娘との愛に満ちた絆と別れ、そしてそのすべての記憶が彼の心を捕らえ、涙に暮れることしかできない自分を認めている。神への信仰と愛する者を失った悲しみの狭間で、ルターは友人ヨナスに、「あなたが私たちに代わって神に感謝を述べてください」と懇願せざるを得なかった。

ルターは、信仰に生きることによって死別の悲しみが全く取り除かれるわけではないことを自ら経験している。

しかし、愛する娘との別れの経験が、その悲しみによって神が神でなくなることがないことも知っていた。地上での人間的な経験と天の霊的な神の恵みへの信仰とが、彼自身の中で葛藤を起こしている。それゆえ、ルターは、友人の執り成しを必要としたのである。

他者のための執り成しの祈りは、ルターが『キリスト教的な人間の自由』の中で語った全信仰者祭司性の具体的な内容である。いま、ルター自身がそのような他者の助けを必要としたのである。全信仰者祭司性は、ルターにとって単なる教えではなく、信仰における交わりの生活の中で具体的に経験される霊的現実であった。ルターは、友人が自分たちのために神への感謝と執り成しの祈りをしてくれていることで、愛する娘を失った悲嘆や失望の中でも恵みの神につながっていることができた。ルターにとって、信仰とは、一人で歯を食いしばって頑張り、それが神に認められるような功績的行為ではない。信仰とは、ルターにとって、その根本に受動的な要素を含むものであった。赦されていること、祈られていることを積極的に受け容れていく、受動的能動あるいは能動的受動と呼ぶことができる。ルターの手紙の中に、そのような彼の信仰理解の実践的姿を見ることができる。

マグダレーナを看取ってから約三か月後の一五四二年十二月二十六日、ユストゥス・ヨナスに宛てて手紙を送っている。ヨナスの妻カタリーナが亡くなったことを聞いたルターが書いたお悔やみの手紙である。家族ぐるみのとても親しい交わりをもっていたこともあり、ルターとその家族も大きな喪失を経験していることを伝え、ヨナスの悲しみに寄り添う、気持ちのこもった内容であり、慰めに満ちた手紙である。ルターは、肉の目によってではなく、霊の目で、先に天に召された人々のことを見る必要があると述べている。それを可能にするものは、キリストへの確かな信頼である。

神のひとり子への純粋な信仰によって眠りにつくならば、それは私たちにとって上手く事が行われたということです。「あなたの慈しみは命にもまさる恵み」〔詩編63・４〕とは本当のことです。（中略）しばらく悲しんでいる私たちを言葉に言い尽くせない喜びが迎え入れるでしょう。そこへと、あなたの〔妻〕ケーテと私のマグダレーナは他の多くの者たちと共に先に行きました。そして、日々、私たちに後についてくるようにと、呼びかけ、勧め、誘ってくれているのです。（WABr 10, 227, 23－30）

ルターは、ヨナスに、ヨナスの妻ケーテも、そしてルターの娘マグダレーナも、キリストの約束のことばへの深い信頼をもって息を引き取ったことを思い起こさせている。そして、いまやこの二人は先導役となって、残された者たちも同じように信仰をもって最後の時を迎えることができるように、道を示していてくれるというのである。ルターは、そこに信仰の模範を見出している。同様に、手紙の最後でルターはヨナスに、彼の妻が天国に迎え入れられ、永遠の命と救いの中にあることを慰めとするよう勧めた後で、もう一度、娘マグダレーナに言及している。

私たちは、主があなたの肉をも慰めてくださるよう祈ります。というのも、霊は、思い至れば、聖なる祝福された女性があなたの側から天の永遠の命へと取り去られたことを喜べます。このことに疑いはありません。なぜなら、彼女は、信仰深く、聖なることばで信仰を告白しキリストの胸の中で眠りについたからです。同じように私の娘も眠りにつきました。これは私の唯一の大きな慰めです。（WABr 10, 228, 38－44）

強調されていることは、ここでもキリストへの信仰を告白して息を引き取ったということである。そして、マグダレーナが深い信頼の中で最期を迎えたことが、ルターにとっての唯一の慰めであった。実は、マグダレーナの臨終の様子がルターの卓上語録の中に残されている。これも少し長くなるが、ルターとその信仰を理解する上でとても重要であると思うので、以下に訳出してみたい。

娘が重病になったとき、ルターは次のように語った。「私は彼女をとても愛しています。しかし、愛する神よ、彼女をお取りになることが、もしあなたのみ心であるならば、彼女があなたのみ許にいることを私は喜びましょう」。その後、横たわっている彼女に語りかけた。「マグダレーナ、私の可愛い娘よ、あなたはここ私のもとに、父のもとにいたいだろうね。しかし、天のお父さんのところにも喜んで行きますか」と語りかけた。病気の娘は、「はい、愛するお父さん、神さまのみ心のままに」と答えた。父親〔ルター〕は、「愛する娘よ！」と言った。（WATr 5, 189, 23－28）

続いて、ルターは、次のように語った。

「霊は燃えても、肉体は弱い〔マタイ26・41〕。私は彼女をとても愛している。肉体がこんなにも強く作用するなら、霊とはいったい何であるのか」。（中略）「過去一〇〇〇年の間に、神は、いかなる司教に対してもこのように大きな恵みを、私に対するようには与えなかった（すなわち、神の賜物を誇りにすべきである）。私は、時々、少しは賛美の歌をうたったり、神に感謝したりしてはいるが、心から喜び、神に感謝できなかった自分自身に対して怒っている。私たちは生きるにしても死ぬにしても、主のものである」（WATr 5, 189, 29－190, 2）

また、ルターは、悲しみに打ちひしがれたケーテを慰めて、次のように語ったという。

妻〔カタリーナ〕が激しく泣いていた時、マルティン・ルターは彼女を慰めて言った。「彼女〔マグダレーナ〕がどこへ行こうとしているかを思い起こしなさい。彼女は幸せになるのだから。肉体は肉体であるが、霊は生きるのだ。子どもたちは議論をしたりしない。彼らは、言われたことをそのように信じる。子どもたちにとってすべては単純素朴なのだ。子どもたちは、狼狽《ろうばい》することも、意見を戦わすこともなく、また、死の試練や肉体の痛みもなく、眠りにつくように死んでいくのだよ」（WATr 5, 187, 23－28）

いよいよ最後の時が来たとき、マグダレーナが横たわるベッドのそばで見守るルターとケーテの深い悲しみが、次のように克明に記されている。

娘がいまや臨終の苦しみにあるとき、彼〔ルター〕は、ベッドの前にひざまずき、激しく泣きながら、神が彼女を解放してくださるようにと祈った。その時、彼女は、父親の腕の中で息を引き取った。母親も同じ部屋

にいたが、悲しみのあまりベッドから少し離れていた。(WATr 5, 192, 24 – 27)

かつて、若くして修道院の門をくぐったときには、彼自身が決して思いもしなかった人生を、彼は宗教改革者となって生きていくことになった。けれども、彼は、それを後悔してはいない。むしろ、過去一〇〇〇年の間に、どんな司教にも与えられなかったような豊かな恵みが、彼に与えられたことを、最も深い悲しみの中で、神に感謝している。ルターは、二人の娘を失い、肉体においては、その悲しみになすすべもなく、泣き崩れる父親であるしかなかった。それでも、その痛みと悲しみを含めて、十字架のキリストに表された神のみ心と恵みの内に抱きかかえられながら、彼自身も、そして彼が看取った娘たちも、生かされ、また死を迎えていくことを確信していた。

ルターはどのように死んだのか、という問いから本書を書き始めた。そして、ルターの死を看取った人々が、ルターが最後に、キリストの約束のことばを信じる信仰を告白して、息を引き取ったことを伝えていることを紹介した。また、それが後のプロテスタント的な良い死のモデルになったことを見た。しかし、家庭の中のルター、愛する娘や友人たちを看取ってきたルターの姿に触れていく中で新しく気づかされることがあった。

実は、ルターは、彼自身が死に直面したときに、信頼をもって神のみ手にゆだねて最期を迎えるその信仰的な態度の模範を、愛する娘マグダレーナから学んでいたのではないかということである。ルターが妻を失ったヨナスを慰め励ましたように、彼自身が、マグダレーナの呼びかけ、励まし、誘いにのりながら、そして愛する娘と再会することを望みみながら、娘マグダレーナと同じように、キリストへの信仰を告白し、安らかに眠りについたのではないか。

プロテスタント的信仰とは、そのような意味で、子どものような素直で大胆な信頼によって神にゆだねる信仰と言えるかもしれない。ルターにとって家庭とは、彼の宗教改革的神学がそれまでに教えてきた信頼の態度を実践するだけでなく、最も身近な隣人である妻や子どもたちとの霊的な関係性を通して、それを繰り返し学び、深め、獲得していった場所でもあった。

現代への問いかけ——結婚のパートナーシップを二つの視点から考える

ルターは、宗教的救済がただ神の恵みにのみ基づくのであって、人間に求められていることは、その恵みを信頼し受け容れる信仰のみであることを説いた。また、彼は、信仰による神への直接的な関係においてだれにも優劣がない霊的平等性を主張した（全信仰者祭司性）。この宗教的平等思想が、間接的ではあっても、近代民主主義の進展に重要な影響を与えたということは、繰り返し指摘されてきているところである。この霊的平等性の思想は、ルターの職業観念によって強化され、カルヴァンに引き継がれていった。ルターは、聖書の中で職業を意味する言葉をドイツ語のベルーフ（Beruf）と翻訳した。もともとベルーフとは、神からの召命を意味するが、ルターの翻訳によって、世俗的な職業にも、霊的な職業にも、等しく神が与えた使命として、高貴な価値が認められる新しい地平が開かれた。宗教改革は、宗教的な視点から、同じ社会的共同体に属している、すべての人間の尊さと平等を認める解放的な運動であった。

ルターの結婚観もまた、このような歴史的文脈の中で観察されるとき、それが当時の人々にある種の解放をもたらしたことが理解できる。性生活や出産が含まれ得る結婚は、もはや霊的に劣る身分を作り出すものとは見なされなくなった。むしろ、それは、神によって定められた人生形態であり、子どもを産み、育てることは高貴な使命と理解されるようになった。ルターの神学的創造論がそのための思想的な土壌を用意したのである。しかし、現代の基本的人権や男女平等の視点から見るならば、ルターによって創造論的に説明された結婚観は、――昨今の少子化対策を念頭に入れた結婚観も同様に――、結婚の型を当時の家父長制に即した姿に固定化し、解放ではなく、束縛を生み出すものになっているのではないか、と思われる人もいるであろう。

現在の日本社会において、結婚は、二人の個人の同意に基づき、愛や人生を共有する共同体として形作られ、子どもを産むかどうかも、子どもの数も、それぞれの自由に任されている。また、性的衝動を抑制することが結婚の第一義的な動機とされることもない。さらに、男女間の平等は法的に保障され、男女の差異はジェンダーとして社会的・文化的な観点からも議論されるところとなり、性的少数者のパートナーシップについても社会的な認知と理解は進んできている。そのような視点からルターの創造論的に根拠づけられた結婚観が時代遅れと指摘されることは当然のことであろう。では、ルターの語る結婚観は、宗教改革の時代を超えて、現代の私たちにもはや何の意義もないのであろうか。

これまでも試みてきたように、ルターを聖人として扱う必要はなく、むしろ、ルターと対話し、ルターに限界がある場合にはそれを認め、ルターと共にその限界を越えていくことに、ルターを想起することの意味があると考える。彼の時代的制約を受けた結婚観については、その背後にあるルターのより根本的な思想によって、捉え直していくときに、今日的な意義をもたらしてくれるように思う。その際、結論だけでなく、ルターがどのような問いと向き合っていたのかに注目することが一つの手がかりを与えてくれるのではなかろうか。

ルターが『結婚生活について』の中で向き合った問いの一つは、「結婚とは、煩わしさ、苦労、そして束縛ばかりで何の得にもならない」という主旨の問いであった。この問いに対して、ルターは結婚を、理性的と霊的、外的と内的という二つの異なる視点から見ることを勧めている。ルターは、すでに見たように、「結婚していることと、結婚生活を理解することは、まったく異なる事柄である」と述べている。そして、結婚生活を理解しない人は、いつも不満ばかりであるが、「それを理解する人には、いつもそこに満足感、愛、そして喜びがある」（WA 10/II, 294, 25－26）、と指摘している。確かに、ルター自身は、このような理解を支える根拠として、創世記１章27―28節を参照し、神によって定められた結婚という創造論的な考えを提示している。そして、その創造論的秩序の中身は、「男と女が一緒になり、子どもを産み育てること」（WA 10/II, 294, 28）である。そこに、おむつを洗う煩わしさも含まれるのである。

しかし、ルターが向き合った問い、そしてルターがその問いに外的と内的の二つの視点で回答を試みたアプローチそれ自体には、私たちの時代に通じる、より普遍的な内容と枠組みがあるように思う。ルターの神学には、人間や世界について、内的と外的とに区別し、対抗する異なる視点から捉える特徴がある。その神学的な特徴については、本書コラム「人間の愛と神の愛」で説明した。その内容をもう一度、確認した上で、ルターの結婚観について改めて検討してみたい。

神の愛は、愛するに価するものを見出すのではなく創造する。人間の愛は、愛するに価するものから生じる。

（第二八論題）

人間の愛は、外的なもので対象の価値を測り、他者に対する不平不満と、他者の目にさらされている自分に対する不安に満たされている。しかし、神の愛の世界では、神によって愛されているという関係が先にある。なぜなら、神が価値のないところに無条件に、愛の関係を創造するからである。ルターは、キリストの十字架の出来事の中に、この神の創造的愛、先行する愛を理解した。そして、この神の創造的な赦しの秩序の中で、自分の存在、そして他者の存在を理解できる人は、人間の理性の目には、罪や悪、愚かさや弱さにしか見えないものが、神との関係の中で尊い価値をもっていることを見出すことができる。この信仰義認の神学の土台の上に、ルターが隣人愛を捉え直していることは、繰り返し見てきたところである。神の創造する愛の関係にあることを約束する神のことばに固く信頼する人は、隣人愛が、自分の救済のためではなく、隣人の必要のための行為であることを理解できる。キリストが私の十字架を負っているように、私も隣人の十字架を負うという人生の課題を見出すことができる。このような霊的な認識を通して、この世の中に、相互的に共に生きる世界が開かれる。

この関係性を土台としたルターの宗教改革的神学の中心は、創世記2章18節で、「人が独りでいるのは良くない。彼に合う助ける者を造ろう」と語られている内容について、現代の聖書解釈が指摘する事柄に私たちの目を向けさせる。つまり、人間という存在が、一人で生きるようにではなく、他者と互いに対等に向かい合い、パートナーシップに生きる存在として創られているということ、そして、そこに神の創造の秩序としての祝福が与えられていることである。ルターの信仰義認と隣人愛の思想それ自体は、聖書の根本的な思想に結びつくことを通して、彼自身の家父長的な結婚観やジェンダー観をも批判的に越える解放的な力をもっている。そのようにルターを読むことで、ルターの思想は、今日の様々なパートナーシップに対しても、また、結婚のパートナーシップについても意義のあるメッセージとなり得ると考える。

では、具体的に、「結婚とは、煩わしさ、苦労、そして束縛ばかりで何の得にもならない」のではないか、というルターが向き合った問いに、どのように答えることができるであろうか。最後に、パートナーシップとは何か、ルターの関係を中心にした人間観を踏まえ、時代の声を聞きながら、少し考えてみたい。

ここで思い起こされる時代の声は、学生時代の先輩である奥田知志牧師の声である。彼は、東日本大震災の後に『「助けて」と言おう』（ＴＯＭＯセレクト「３・11後を生きる」）という本を書いている。その中で、彼が次のように語っている言葉がとても印象的である。

自分の安心安全だけでなくて、相手の安心安全を確保するためにあなたは何かを失わなければならない、それが出会うということです。本来、絆というものはそういうことが起こるものだと私は思うのです。

奥田は、ユダヤ人思想家マルティン・ブーバーの『我と汝』という著作を手がかりに、「相手を自分の目的達成の手段と考える」ことによって、他者を喪失し、自分自身をも喪失すると述べている。そして、もし、そのような手段として結婚するとき、そこには本来、絆と呼べるような相互性のある関係がないのではないかと指摘している。その考えを根本で支えている精神は、「わたしの恵みはあなたに十分である。力は弱さの中でこそ十分に発揮されるのだ」（二コリント12・9）、とパウロが語るところの十字架の神学である。奥田は、「人は一人では生きてはいけないということを知った」ことが「人類の最大の英知」であると述べている。

先に見た、創世記2章18節もまた、この英知について神話的に語っている。そして、そのような共に生きるパートナーシップの枠組みに、上に述べたルターの十字架の神学は、その関係を生き抜く勇気を与える精神的土台を提供している。例えば、人は、結婚生活における夫婦の関係や子どもとの関係の中で、煩わしさ、苦労、そして束縛といった、すぐには積極的な価値を見出すことができない、むしろ不快な経験をする。しかし、そのような自己を中心としたときに見えてくる世界の経験にもかかわらず、それをもう一つの超越した次元から、あるいは人生の深みの次元から理解することを可能にする精神的土台をルターは提供しているのである。これを、人は独身ではなく結婚するべきであるとか、子どもを産まなければならないとか、あるいは絶対に離婚してはならないという意味で捉える必要はない。結婚が、様々な理由から上手くいかないこともあるであろう。しかし、それにもかかわらず、結婚の成功は、個人の意志に基づくパートナー選びとしてだけでなく（個人主義）、共に生きるべく創られ（創造論）、無条件の愛の関係の中で自由で価値ある存在とされている人間が（義認論）、互いに認め合い、生きる場として結婚を理解し、実践していくことにかかっているのではないか。ルターとの対話から、このような問いかけを与えられる。

キリスト教的、ルター的に言うならば、結婚の成功は、神の約束のことばへの信頼にかかっているということになる。そして、成功とは、外的な意味ではなく、内的・霊的な意味で理解されるものである。ルター自身、ケーテとの夫婦生活の中で、そして、子どもを育てる喜びや子どもを失うという深い悲しみを通して、単に「結婚している」こととは区別される「結婚生活を理解する」経験を深めていったのだと思う。ルターという宗教改革者は、信仰において神の無条件の愛の抱擁を受けながら、隣人と共に生かされている悲しみと喜びを、夫婦の関係の中で、また父と子の関係の中で経験し、その信仰と人生を深めた一人の人間であった。そして、その記憶は、私たちに、人間が、他者（神と隣人）との人格的な関係の中で生きること、そして死んでいくことについて、主体的に、そして根本的に考える機会を提供してくれている。

歴史探訪――ルターの家

ヴィッテンベルクの旧市街の中心を東西に走るコレギーン通り、西に進んで行くと聖マリエン教会と市役所のあるマルクトを越えてシュロス通りにつながり、西の端に城教会がある。逆に東に行くと、コレギーン通りの終点に「ルターの家」がある。

ルターは、一五一一年にヴィッテンベルクに移ってから三五年の間、すなわち六二年間の人生の半分以上をここで暮らした。修道士たちの黒い服装から「黒い修道院」とも呼ばれていたこの建物に、ルターも最初は一修道士として暮らしていた。一五二五年にカタリーナと結婚した後は、この家の主人として家族とそして多くの同居人たちと暮らした。ルター生誕四〇〇年の一八八三年に、「ルター会館（Lutherhalle）」という名の記念館として一般に公開されるようになった。一九九六年には、ユネスコの世界遺産として認定されている。その後、二〇〇三年には、「ルターの家（Lutherhaus）」という名称に変更され、ルターや宗教改革に関しての一〇〇〇点にも及ぶ実物を展示した記念館がある。

コレギーン通りからルターの家の中庭に足を踏み入れると、正面に塔の体験と呼ばれる宗教改革的転回を経験したとされる修道院の塔が見える（二一二ページ参照）。その塔の手前には、一九九九年にカタリーナの生誕五〇〇年を記念して造られた、庭をさっそうと歩くカタリーナの等身大のブロンズ像が置かれている。

カタリーナ。ルターの家の前のブロンズ像

塔の右手にある砂岩でできた飾りに囲まれた扉は、カタリーナの依頼で作られたことから「カタリーナの玄関」と呼ばれており、一五四〇年当時のものである。両脇に作られた腰掛のメダル状の屋根部分には、左にルターの紋章、右に現存する最も古い彫刻によるルターの肖像が彫られている。正面から見ただけでは見過ごしてしまうので、近寄って下から覗き込むことをお奨めする。カタリーナの玄関は通常は閉まっているので、壁沿いに右手に行くと記念館の展示場への入り口に辿り着く。

展示は、ルターが経験した宗教改革の進展について、歴史的に順を追って見学できるように構成されている。しかも、一つひとつの出来事を立体的に理解できるような展示の工夫がなされている。例えば、贖宥状に関連するものであれば、当時の贖宥状や一五一七年に印刷されたルターの「九十五か条の論題」だけでなく、贖宥状販売の際にお金を集めるために使用された金庫や当時の硬貨の実物も展示されている。記念館を訪れる人は、宗教改革時代に由来する数多くの物品におそらく圧倒されることであろう。また、展示場内の様々な展示物を通して、言葉を中心にした宗教改革が、実はとても色彩豊かな空間の中で、当時の人々の生活に密着して展開された運動であったことを肌身に感じることができるであろう。

地下に設けられた展示コーナーでは、当時のルターの家の様子が木製の模型で再構成され、紹介されている。「キリスト教の信仰と日常生活は、宗教改革者マルティン・ルターにとって一つであった。まさに日常の中で、信仰は実証される。さもなければ、それは幻想にすぎないであろう。だから、ルターの家で、彼の日常生活を展示することは理に適ったことである。その際、彼の妻、カタリーナ・フォン・ボラに特別な役割が認められる」。このような言葉で、地下室の展示がはじまっているように、展示物の中心は、カタリーナによる家政である。当時の食事の風景、川や庭での収穫の様子などを模型の展示を通して覗き見ることができる。卓上語録に残された、食卓に座るルターやケーテたちの会話や議論が今にも聞こえてきそうである。

カタリーナの玄関。1540年、ルター57歳の誕生日にプレゼントされた

◉参考文献

第1章

石居正己『ルターと死の問題――死への備えと新しいいのち』リトン、二〇〇九年。

小田部進一「ルターにおける死の思想についての一考察」(『論叢』玉川大学文学部紀要、第47号、二〇〇七年)、103―117頁。

J・ゴンサレス、石田学・岩橋常久訳『キリスト教史(下巻)』新教出版社、二〇〇三年。

日本カトリック司教協議会・教理委員会訳『カトリック教会のカテキズム』カトリック中央協議会、二〇〇二年。

M・ルター「死への準備についての説教」(徳善義和ほか訳『ルター著作選集』教文館、二〇一二年)、49―73頁。

Joachim Bauer, Martin Luther: Seine letzte Reise, Gerhard Seichter, Rudolstadt 1996.

Jochen Birkenmeier, Luthers Letzter Weg: Ein Rundgang durch Luthers Sterbehaus, Potsdam 2013.

Martin Brecht, Martin Luther (3 Bände), Calwer, München 1994.

Andrea van Dülmen, Luther-Chronik: Daten zu Leben und Werk, Deutscher Taschenbuch, München 1983.

Tibor Fabiny, Martin Luthers Letzter Wille. Das Testament des Reformators und seine Geschichte, Budapest 1983.

Justus Jonas und Michael Coelius, Vom christlichen abschied aus diesem tödlichen leben des ehrwürdigen Herrn D. Martini Lutheri, Georg Rhaw, Wittenberg 1546.

Hartmut Kühne, Enno Bünz und Thomas T. Müller (Hrsg.), Alltag und Frömmigkeit am Vorabend der Reformation in Mitteldeutschland (Katalog zur Ausstellung „Umsonst ist der Tod“), Petersberg 2013.

Volker Leppin, Das Zeitalter der Reformation: Eine Welt im Übergang, Wissenschaftliche Buchgesellschaft, Darmstadt 2009.

Volker Leppin, Martin Luther, 2.Aufl., Wissenschaftliche Buchgesellschaft, Darmstadt 2010.

Volker Leppin und Gury Schneider-Ludorff (Hrsg.), Das Luther-Lexikon, Bückle & Böhm, Regensburg 2014.

Philipp Melanchthon, Rede bei der Bestattung der ehrwürdigen Mannes D. Martin Luther Oratio in funere reverendi viri D. Maritini Lutheri 1546, in: Micheal Beyer, Stefan Rhein, Günther Wartenverg (Hrsg.), Melanchthon deutsch II – Theologie und Kirchenpolitik, Evangelische Verlagsanstalt, Leipzig 1997, S.156-167.

Bonnie Noble, *Lucas Cranach the Elder: Art and Devotion of the German Reformation*, University Press of America, Maryland 2009.

Heinz Schilling, Martin Luther, C.H.Beck, München 2012.

第2章

戸田聡「キリスト教にとって修道制は何を意味するか」(『福音と世界』二〇一二年11月号) 新教出版社、41―47頁。

松浦純『十字架と薔薇――知られざるルター』岩波書店、一九九四年。

Albrecht Beutel (Hrsg.), Luther Handbuch, 2.Aufl., Mohr Siebeck, Tübingen 2010.

Martin Brecht, Martin Luther (3 Bände).

Andrea van Dülmen, Luther-Chronik: Daten zu Leben und Werk.

Volkmar Joestel, „Hier stehe ich!“ Luthermythen und ihre Schauplätze, Janos Stekovics, Wettin-Löbejün OT Dößel 2013.

Volker Leppin, Martin Luther, 2.Aufl.

Volker Leppin und Gury Schneider-Ludorff(Hrsg.), Das Luther-Lexikon.

Joachim Rogge, Martin Luther: Sein Leben Seine Zeit Seine Wirkungen, Gütersloher Verlagshaus, Gütersloh 1985.

Heinz Schilling, Martin Luther.

Wolf-Friedrich Schäufele, „… iam sum monachus et non monachus“: Martin Luthers doppelter Abschied vom Mönchtum, in: Martin Luther – Biographie und Theologie (Hrsg. v. Dietrich Korsch u. Volker Leppin), Tübingen 2010 (Spätmittelalter, Humanismus, Reformation 53), S.119 – 139.

第3章

秋山聰『聖遺物崇敬の心性史――西洋中世の聖性と造形』講談社、二〇〇九年。

K・G・アッポルド、徳善義和訳『宗教改革小史』教文館、二〇一二年。

伊勢田奈緒「ルター時代の女性宗教改革者アルギュラ・フォン・グルムバッハの自由と抵抗についての一考察」（『紀要』静岡英和学院大学紀要、第10号、二〇一二年）、39―54頁。

金子晴勇・江口再起編『ルターを学ぶ人のために』世界思想社、二〇〇八年。

小田部進一「ルターにおける死の思想についての一考察」。

J・ル・ゴッフ、渡辺香根夫・内田洋訳『煉獄の誕生』法政大学出版局、一九九八年。

R・W・スクリブナー／C・スコット・ディクスン、森田安一訳『ドイツ宗教改革』岩波書店、二〇〇九年。

P・ティリッヒ、大木英夫訳『生きる勇気』平凡社、一九九五年。

徳善義和『マルティン・ルター――ことばに生きた改革者』岩波書店、二〇一二年。

日本カトリック司教協議会・教理委員会訳『カトリック教会のカテキズム』。

P・ブリックレ、田中真造・増本浩子訳『ドイツの宗教改革』教文館、一九九一年。

松浦純『十字架と薔薇――知られざるルター』。

M・ルター「贖宥の効力を明らかにするための討論」（徳善義和ほか訳『ルター著作選集』教文館、二〇一二年）、7―23頁。

M・ルター、藤代泰三訳「贖宥の効力についての討論の解説」（『ルター著作集』第一集第一巻、聖文舎、一九六四年）、149―397頁。

M・ルター、徳善義和訳『ローマ書講義（上）』（『ルター著作集』第二集第八巻、聖文舎、一九九二年）。

M・ルター「ヴィッテンベルク版『ラテン語著作全集』第一巻序文」（徳善義和ほか訳『ルター著作選集』）、635―648頁。

Albrecht Beutel (Hrsg.), Luther Handbuch, 2.Aufl.

Martin Brecht, Martin Luther (3 Bände).

Volkmar Joestel, „Hier stehe ich!“ Luthermythen und ihre Schauplätze.

Thomas Kaufmann, Martin Luther, 3.Aufl., C.H.Beck, 2015.（邦訳：T・カウフマン『ルター——異端から改革者へ』教文館、二〇一〇年）

Shinichi Kotabe, Das Laienbild Andreas Bodensteins von Karlstadt in den Jahren 1516-1524, München 2005.

Jens-Martin Kruse, Universitätstheologie und Kirchenreform – Die Anfänge der Reformation in Wittenberg 1516-1522, Philipp von Zabern, Mainz 2002.

Volker Leppin, Martin Luther, 2.Aufl.

Volker Leppin und Gury Schneider-Ludorff (Hrsg.), Das Luther-Lexikon.

Heinz Schilling, Martin Luther.

Reinhard Schwarz, Luther, 4.Aufl., Vandenhoeck & Ruprecht, Göttingen 2014.

コラム——ハイデルベルク討論

金子晴勇・江口再起編『ルターを学ぶ人のために』。

松浦純『十字架と薔薇——知られざるルター』。

M・ルター「ハイデルベルクにおける討論」（徳善義和ほか訳『ルター著作選集』）、25—32頁。

A・ニーグレン、岸千年・大内弘助訳『アガペーとエロース（第1巻）』新教出版社、一九五六年。

Volker Leppin, Martin Luther, 2.Aufl.

Heinz Schilling, Martin Luther.

第4章

K・G・アッポルド、徳善義和訳『宗教改革小史』。

金子晴勇・江口再起編『ルターを学ぶ人のために』。

小田部進一「ルターの神学思想と他者」（『他者のロゴスとパトス』玉川大学出版部、二〇〇六年）、161—184頁。

小田部進一「ルターの『キリスト教的な人間の自由』――翻訳と解説（1節―11節）」（『論叢』玉川大学文学部紀要、第49号、二〇〇九年）、15―29頁。

R・ベイントン、青山一浪・岸千年訳『我ここに立つ――マルティン・ルターの生涯』聖文舎、一九六二年。

U・ベック、鈴木直訳『〈私〉だけの神――平和と暴力のはざまにある宗教』岩波書店、二〇一一年。

松浦純『十字架と薔薇――知られざるルター』。

M・ルター、石原謙訳『キリスト者の自由・聖書への序言』岩波書店、一九五五年。

M・ルター、徳善義和訳『キリスト者の自由――訳と注解』教文館、二〇一一年。

M・ルター「キリスト教界の改善に関してドイツのキリスト者貴族に宛てて」（徳善義和ほか訳『ルター著作選集』）、171―213頁。

M・ルター、山内宣訳「キリスト者の自由（ラテン語版）」（『ルター著作集』第一集第二巻）、347―403頁。

M・ルター「キリスト者の自由について」（徳善義和ほか訳『ルター著作選集』）、267―296頁。

M・ルター「教会のバビロン捕囚について　マルティン・ルターの序曲」（徳善義和ほか訳『ルター著作選集』）、215―265頁。

Roland H. Bainton, Frauen der Reformation: Von Katharina von Bora bis Anna Zwingli, 3.Aufl., Gütersloher Verlagshaus, Gütersloh 1996.

Albrecht Beutel (Hrsg.), Luther Handbuch, 2.Aufl.

Andrea van Dülmen, Luther-Chronik: Daten zu Leben und Werk.

Wolfgang Huber, Von der Freiheit, C.H.Beck, München 2012.

Volkmar Joestel, „Hier stehe ich!“ Luthermythen und ihre Schauplätze.

Thomas Kaufmann, Martin Luther, 3.Aufl.

Shinichi Kotabe, Das Laienbild Andreas Bodenstein von Karlstadt in den Jahren 1516-1524.

Jens-Martin Kruse, Universitätstheologie und Kirchenreform – Die Anfänge der Reformation in Wittenberg 1516-1522.

Volker Leppin, Martin Luther, 2.Aufl.

Volker Leppin und Gury Schneider-Ludorff (Hrsg.), Das Luther-Lexikon.

Joachim Rogge, Martin Luther: Sein Leben Seine Zeit Seine Wirkungen.
Heinz Schilling, Martin Luther.
Reinhard Schwarz, Luther, 4.Aufl.

コラム——平和共存への長い旅

K・G・アッポルド、徳善義和訳『宗教改革小史』。

一致に関するルーテル＝ローマ・カトリック委員会『争いから交わりへ——二〇一七年に宗教改革を共同で記念するルーテル教会とカトリック教会』教文館、二〇一五年。

木部尚志『ルターの政治思想』早稲田大学出版部、二〇〇〇年。

出村彰『総説キリスト教史2　宗教改革篇』日本キリスト教団出版局、二〇〇六年。

深井智朗・大角欣矢『憶えよ、汝死すべきを——死をめぐるドイツ・プロテスタンティズムと音楽の歴史』日本キリスト教団出版局、二〇〇九年。

深井智朗「『アウクスブルクの宗教平和』とは何であったのか」（『キリスト教と諸学』聖学院大学紀要26巻、二〇一一年）139—151頁。

A・E・マクグラス、高柳俊一訳『宗教改革の思想』教文館、二〇〇〇年。

B・メラー、森田安一・棟居洋・石引正志訳『帝国都市と宗教改革』教文館、一九九〇年。

森田安一『図説 宗教改革』河出書房新社、二〇一〇年。

ローマ・カトリック教会／ルーテル世界連盟『義認の教理に関する共同宣言』教文館、二〇〇四年。

Albrecht Beutel (Hrsg.), Luther Handbuch, 2.Aufl.

Volker Leppin, Martin Luther, 2.Aufl.

Volker Leppin und Gury Schneider-Ludorff (Hrsg.), Das Luther-Lexikon.

Rat der Evangelischen Kirche in Deutschland (Hrsg.), Rechtfertigung und Freiheit – 500 Jahre Reformation 2017, Gütersloher Verlagshaus, Gü-

tersloh 2014.
Heinz Schilling, Martin Luther.

第5章

青野太潮『どう読むか、聖書』朝日新聞社、一九九四年。
金子晴勇『教育改革者ルター』教文館、二〇〇六年。
小田部進一「初期宗教改革における新しい信徒像——アンドレアス・ボーデンシュタイン・フォン・カールシュタットの木版画ビラ『馬車』(1519年)を手がかりにして」(『神学研究』関西学院大学神学研究会、第52号、二〇〇五年)、115—128頁。
小田部進一「ルターの聖書翻訳と教育の力」(『玉川通信』二〇一五年7月号、No. 749)、ii—iii頁。
田川建三『書物としての新約聖書』、勁草書房、一九九七年。
M・ルター「キリスト教界の改善に関してドイツのキリスト者貴族に宛てて」。
M・ルター「ドイツ全市の参事会員に宛てて、キリスト教的学校を設立し、維持すべきこと」(徳善義和ほか訳『ルター著作選集』)、461—492頁。
M・ルター、徳善義和訳『人々は子どもたちを学校へやるべきであるという説教』(『ルター著作集』第一集第九巻)。
Max Geisberg, *The German Single-Leaf Woodcut: 1500-1550*, Vol.2, Walter L. Strauss [Rev. and Ed.], New York 1974.
Wolfgang Huber, Die Ambivalenz der Reformators, in: Olaf Zimmermann und Theo Geißler (Hrsg.), Disputationen I: Reflexionen zum Reformationsjubiläum 2017, Deutscher Kulturrat e.V., 2013, S.56-57.
Volkmar Joestel, „Hier stehe ich!“ Luthermythen und ihre Schauplätze.
Margot Käßmann, Im Kontext unserer Zeit: Das Reformationsjubiläum 2017 und die politische Dimension des Freiheitsbegriffes, in: Olaf Zimmermann und Theo Geißler (Hrsg.), Disputationen I: Reflexionen zum Reformationsjubiläum 2017, S.58-60.
Shinichi Kotabe, Das Laienbild Andreas Bodenstein von Karlstadt in den Jahren 1516-1524.

Jens-Martin Kruse, Universitätstheologie und Kirchenreform – Die Anfänge der Reformation in Wittenberg 1516-1522.

Martin Luther, Das Newe Testament Deutzsch, Wittenberg, Melchior Lotter d. J., 1522 (Lutherstadt Wittenberg, Bibliothek des Evangelischen Predigerseminars, Signatur B I, 5).

Bernd Moeller, Deutschland im Zeitalter der Reformation, 3. Aufl., Vandenhoeck & Ruprecht, Göttingen 1988.

Heinz Schilling, Martin Luther.

Alejandro Zorzin, Karlstadt als Flugschriftenautor, Vandenhoeck & Ruprecht, Göttingen 1990.

第6章

石居正己「ルターと貧しい人びと」（日本ルーテル神学大学ルター研究所編『ルター研究』聖文舎、第5巻、一九九二年）、117―142頁。

小田部進一「カールシュタットにおける改革運動の神学的契機――『聖画像の撤去について』（一五二二年）を手がかりにして」（『キリスト教史学』キリスト教史学会、第62集、二〇〇八年）、90―119頁。

小田部進一「歴史の中に見る社会福祉の援助観と実践――16世紀の宗教改革の理念と救貧制度の一考察」（『Humanitas』玉川大学学術研究所人文科学研究センター年報、第7号、二〇一六年）、65―74頁。

A・E・マクグラス、藤原淳賀訳『聖餐――その歴史と実践』キリスト新聞社、二〇一〇年。

宮田光雄『ボンヘッファーを読む――反ナチ抵抗者の生涯と思想』岩波書店、一九九五年。

M・ルター「キリスト教界の改善に関してドイツのキリスト者貴族に宛てて」。

M・ルター、石居正己訳『共同基金の規定』（『ルター著作集』第一集第五巻）、227―267頁。

「ヴィッテンベルク共同財庫規定」（徳善義和ほか訳『宗教改革著作集』第15巻、教文館、一九九八年）、9―11頁。

「ヴィッテンベルク教会規定」（徳善義和ほか訳『宗教改革著作集』第15巻）、15―17頁。

Michael Haspel, Der Protestantismus und die Soziale Frage. Die Geburt der Diakonie aus dem Geist der Sozialdisziplinierung, in: Ralf Koerrenz und Benjamin Bunk (Hrsg.), Armut und Armenfürsorge – Protestantische Perspektiven, Ferdinand Schöningh, Paderborn 2014, S.119-134.

Jens-Martin Kruse, Universitätstheologie und Kirchenreform – Die Anfänge der Reformation in Wittenberg 1516-1522.
Tim Lorentzen, Öffentliche Fürsorge in den evangelischen Kirchenordnungen des 16. Jahrhunderts, in: Sabine Arend und Gerald Dörner (Hrsg.), Ordnungen für die Kirche – Wirkungen auf die Welt. Evangelische Kirchenordnungen des 16. Jahrhunderts, Mohr Siebeck, Tübingen 2015, S.203-232.
Volker Leppin, Martin Luther, 2.Aufl.
Volker Leppin und Gury Schneider-Ludorff (Hrsg.), Das Luther-Lexikon.
Heiko A. Oberman, Adolf Martin Ritter und Hans-Walter Krumwiede (Hg.), Die Kirche im Zeitalter der Reformation (Kirchen und Theologiegeschichte in Quellen Bd.III, 4.Aufl.), Neukirchener Verlag, Neukirchen-Vluyn 1994.
Heinz Schilling, Martin Luther.
Christopher Spehr, Armut und Armenfürsorge im Kontext der Reformation, in: Ralf Koerrenz und Benjamin Bunk (Hrsg.), Armut und Armenfürsorge – Protestantische Perspektiven, S.51-74.

コラム——ルターとユダヤ人

石居正己「ルターにおけるユダヤ人問題」（日本ルーテル神学大学ルター研究所編『ルター研究』聖文舎、第3巻、一九八七年）、51—71頁。
R・ベイントン、青山一浪・岸千年訳『我ここに立つ——マルティン・ルターの生涯』。
Albrecht Beutel (Hrsg.), Luther Handbuch, 2.Aufl.
Thomas Kaufmann, Luthers »Judenschriften«, 2.Aufl., Mohr Siebeck, Tübingen 2013.
Volker Leppin und Gurz Schneider-Ludorff (Hrsg.), Das Luther-Lexikon.
Heinz Schilling, Martin Luther.
Johannes Wallmann, Luthers Stellung zu Judentum und Islam, in: Zeitschrift der Luther-Gesellschaft 57. Jahrgang, Heft 2/1986, S.49-60.

Clark M. Williamson, Protestantism and Judaism, in: Alister E. McGrath and Darren C. Marks (ed.), *The Blackwell Companion to Protestantism*, Blackwell Publishing, 2004, S.372-374.

第7章

奥田知志『「助けて」と言おう』（ＴＯＭＯセレクト　３・11後を生きる）日本キリスト教団出版局、二〇一二年。
J・ゴンサレス、石田学訳『キリスト教史（上巻）』新教出版社、二〇〇二年。
徳善義和『マルチン・ルター――生涯と信仰』教文館、二〇〇七年。
T・G・タッパート編、内海望訳『ルターの慰めと励ましの手紙』リトン、二〇〇六年。
R・ベイントン、青山一浪・岸千年訳『我ここに立つ――マルティン・ルターの生涯』。
Roland H. Bainton, Frauen der Reformation: Von Katharina von Bora bis Anna Zwingli, 3.Aufl.
Volkmar Joestel, „Hier stehe ich!“ Luthermythen und ihre Schauplätze.
Volker Leppin, Martin Luther, 2.Aufl..
Volker Leppin und Gury Schneider-Ludorff (Hrsg.), Das Luther-Lexikon.
Heinz Schilling, Martin Luther.
Martin Treu, Martin Luther in Wittenberg: Ein biografischer Rundgang, 3.Aufl., Stiftung Luthergedenkstätte in Sachsen-Anhalt, Wittenberg 2010.
Elke Strauchenbruch, Luthers Kinder, Evangelische Verlagsanstalt, Leipzig 2010.

あとがき

二〇一四年四月から二〇一五年三月までの一年間、ミュンヘン大学で長期研修の機会が与えられたとき、この機会にルターについての本を書いてみないかと問いかけられたことが、本書の執筆のきっかけである。折しも、宗教改革五〇〇年を記念する二〇一七年を迎えようとしており、宗教改革の意義について自分なりに改めて問い直すよい機会であると考えた。イギリスの歴史家E・H・カーは、『歴史とは何か』（岩波新書）の中で、「歴史とは歴史家と事実との相互作用の不断の過程であり、現在と過去との間の尽きることを知らぬ対話なのであります」と述べ、歴史という営みの中に、過去に眼差しを向ける歴史家の主体的な行為があることを明らかにした。そのような意味で、本書は、現代日本社会の中で、一人のプロテスタント神学者として考え、未来を志向し、今を生きる筆者が、これまで継承されてきた記憶の宝庫からルターと宗教改革の遺産を想起し、対話を試みた営みの中から生まれてきたものである。

本書の特徴は、各章が大きく三つの関心から構成されているところにある。第一に、ルターの生涯と思想、及びドイツ宗教改革の歴史、第二に、現代への問いかけ、そして第三に、記念の場所を紹介する歴史探訪である。第一の点では、できる限りルターの思想と行為をキリスト教史の文脈の中で理解することを試みている。そして、歴史を紡ぐ作業の後に、現代の視点からさらに踏み込んで歴史的出来事や思想的内容と対話を行い、場合によってはルターの遺産を批判的に解釈することを試みている。この第二の点で、過去と現在の対話を通して「今を考える」ことに成功しているかどうかについては、読者の忌憚のない批判を仰ぎたい。いずれにしても、この試みを通して、読者自身が宗教改革の問いかけに主体的に向き合う契機となれば幸いである。そして、第三に、各章の最後で、それぞれの章で考察されたルターと宗教改革の記憶を刻印した場所を紹介している。歴史は、それが出来事となった場所と深い結びつきをもっている。そこで、ドイツを巡る旅人に、観光ガイドブックからは得ることができない、ルターとドイツ宗教改革の豊かな記憶と想起の経験を、少しでも提供することができればと考えたことも、本書の構成に独自性を与えている。

本書の流れは、ルターの生涯と宗教改革の歴史的展開を時間軸としているが、必ずしもそれに拘束されるものではない。したがって、読者は、関心のある章から読みはじめても構わない。ただし、本書は、玉川大学学術研究所人文科学研究センター年報第七号（二〇一六年）の論文を土台とした六章も含めて、一章から順に新しく書き下ろしたものである。したがって、最初から順に読み進めるならば、前後の関連性を理解した読書が可能になるであろう。本書は、ルターの死の記憶とルターの生の想起からはじまる。いかに死ぬかを問うとき、いかに生きるかが問われる。ルターがいかなる最期を迎えたのかを確認することからはじめることによって見えてくるルターの生の特徴があるのではないかと考えた。

ちなみに、本書で言うところの宗教改革五〇〇年は、ルターの「九十五か条の論題」から五〇〇年を考えている。例えば、スイス宗教改革の伝統には、その伝統に独自の歴史的経験があり、それに関連した場所や改革者たちの記憶と想起による様々な記念の営みがある。本書は、あくまで上述の五〇〇年を契機とした想起の試みである。そして、ドイツとルター派の教会（ルーテル教会）の外側で、日本語で本書のような書物が出版されることで、この記念の行為に、エキュメニカルで国際的な性格を提供するものとなれば幸いである。

本書では、読みやすさを重視して、注をつけることを避けている。ただし、国内のルター研究に少しでも貢献できるようにと、ルターの著作、手紙、卓上語録についてだけは、ヴァイマール版ルター全集の出典を明記し、原典にあたることができるようにした。また、理解を深めたい読者のために、巻末に章別の参考文献表を付している。本文の中には、筆者が撮影した写真を中心に、図版等を挿入し、十六世紀の遺産と二十一世紀のルター都市の姿を見られるように工夫してある。各都市の地図は、歴史探訪の道標となれば幸いである。

図版の撮影等でお世話になった諸機関に、感謝の言葉をここに申し上げたい。

本書は、これまでの豊かな出会いなしに生まれることはなかった。関西学院大学神学部時代に、『歴史とは何か』の課題レポートにはじまり、いつも厳しくも温かい学問的な批判と励ましをくださった故宮谷宣史先生、ミュンヘン大学時代に博士論文のご指導をいただいた、ラインハルト・シュヴァルツ教授（Prof. Dr. Reinhard Schwarz）、トーマス・カウフマン教授（Prof. Dr. Thomas Kaufmann　現在はゲッティンゲン大学）、そして、ハリー・エルケ教授（Prof. Dr. Harry Oelke）に、特別の感謝をここにささげたい。

また、若き日の留学時代に支援をいただいた、日本キリスト教協議会ドイツ教会関係委員会を窓口としたドイツ・プロテスタント教会奨学金（Kirchlich-Theologische Stipendien des Evangelischen Werks für Diakonie und Entwicklung und des Deutschen Nationalkomitees des Lutherischen Weltbundes）、エリザベート・クラウス財団奨学

金（Elisabeth Krauß'sche Stipendienstiftung）、二〇一四年度に長期研修の機会を与えられた玉川大学、ミュンヘンでの長期滞在でお世話になったバイエルン州福音主義教会のエキュメニカルな学生寮コレギウム・エクメニクム（Collegium Oecumenicum München）、そして、深い霊性の交わりを通して支えていただいたヘッセン州のイムスハウゼン共同体（Kommunität Imshausen）と上記すべての関係者の方々にも、心からの感謝をここに申し上げたい。特に、ミュンヘン留学時代から今日に至るまで、我慢強く対話の相手となってくれている同僚であり友人であるティム・ロレンツェン博士（Dr. Tim Lorentzen）、そして、ミュンヘン時代に常に励ましをくれたノルベルト・エーリンガー牧師（Pfr. Norbert Ellinger）、ザビーネ・フォン・アダカス（Sabine von Aderkas）、カルモンテ夫妻（Familie Calmonte）、ヤニン・ヘーネン牧師（Pfr. Janning Hoenen）、カタリン・ハーゼンフース（Kathrin Hasenfuß）、クニオ・ゲルロッフ（Kunio Gerloff）をはじめとするすべての友人に、そして、ミュンヘン留学時代から支えてくれた、両親、妻と娘にも、心から感謝をささげたいと思う。

末尾になったが、本書執筆のきっかけを与えてくださった丹治めぐみ先生、そして企画の段階から貴重な意見を通して本書のような企画に慣れない筆者を助け、少しでも読みやすい本にしようと丹念に校閲してくださった日本キリスト教団出版局の宮地冬子さんと関係者の方々に、心から感謝申し上げる。

二〇一六年八月二十七日　ミュンヘンにて

小田部　進一

小田部進一（KOTABE Shinichi）

1968年生まれ。関西学院大学神学部博士課程前期課程修了（修士）。ミュンヘン大学にてDr. theol. 取得。現在、玉川大学文学部教授。
著書に『キリスト教平和学事典』『よくわかるクリスマス』（共著、教文館）、『他者のロゴスとパトス』（共著、玉川大学出版部）。論文に「初期宗教改革における新しい信徒像――アンドレアス・ボーデンシュタイン・フォン・カールシュタットの木版画ビラ『馬車』(1519年）を手がかりにして」など多数。

ルターから今を考える
宗教改革500年の記憶と想起

2016年9月25日　初版発行

著者　小田部進一
発行　日本キリスト教団出版局
〒169-0051
東京都新宿区西早稲田2-3-18-41
電話・営業03（3204）0422
編集03（3204）0424
http://bp-uccj.jp

印刷　精興社

ISBN978-4-8184-0950-7　日キ販
Printed in Japan